ADAC Reiseführer

Golf von Neapel

Capri Ischia Kampanien

Von

Intro

Unterwegs

Golf von Salerno – Ausflug in die versunkene Welt der Griechen 119

Golf von Neapel Kaleidoskop

Karten und Pläne

☐ Service

Golf von Neapel Impressionen

Spurensuche am Golf der Sirenen

Die Natur ließ ihrer Fantasie in der Gestaltung der Küstenregion des Golf von Neapel freien Lauf. Sanfte, runde, schmiegsame Hügel bieten der ausufernden Agglomeration **Neapel** eine der schönsten Lagen der Welt. In den **Campi Flegrei**, wo Schwefeldämpfe wie Geisternebel ziehen, fühlt man in einer instabilen, noch immer im Werden begriffenen Landschaft die Drohgebärden des Feuers unter der Erde. **Procida**, **Ischia** und **Capri** bescheren der überbesiedelten Küste eine maritim anmutige Gegenwelt: Buchten als Fluchtpunkte, lichtdurchflutete Grotten, azurblaues Meer, der Himmel wie ein Glassturz darüber. Sonne, Weite, von endlosen Tomatenfeldern rot getupft, Impressionen von Gleichmaß und bäuerlicher Arbeit prägen die Ebene der *Campania felix*. Zu Füßen des Vesuv dokumentieren die Ausgrabungen der antiken Städte **Herculaneum** und **Pompeji** die üppige Welt des kaiserlichen Rom, fordern ein Memento mori in den Skeletten der Häuser ein. Fast bruchlos gehen sie in die lebensbejahende, blütenüberschüttete **Halbinsel von Sorrent** über, deren Nordküste die Grandezza vergangener Jahrhunderte spüren lässt und deren amalfitanische Südküste als *La Costa Divina* mit ihren zu künstlichen Bergen geschichteten Häusern zwar schon den Golf von Salerno rahmt, aber dennoch dem Sorrentino zugeordnet wird. Die weit ausgreifenden Vorgebirge, die zwischen Ischia und Capri das Meer wie Hummerscheren einschließen und ihm Exklusivität verleihen, verschmelzen zu einem Stillleben in Blau, Grün, Ocker und Rosenholztönen vor dem Hintergrund von Geschichte und Legende, Wirklichkeit und Illusion.

Neapel neu entdecken

Hafenstädte wie Neapel haben beinahe zu viel Geschichte, ihr Boden ist mit Ver-

Oben: *Zu schön, um käuflich zu sein – der prachtvolle Mosaikboden der Einkaufspassage Galleria Umberto I in Neapel*
Rechts: *Der erste Schritt ins Paradies? Der Chiostro del Paradiso des Duomo Sant' Andrea in Amalfi*
Oben rechts: *Hat da nicht einer was draußen liegen lassen? Sarkophag in Procidas Abbazia San Michele*

gangenheiten gedüngt: Dreizehn Völker regierten hier. Sie ließen wehrhafte **Kastelle** und stolze **Paläste**, großartige **Museen** wie das Museo Archeologico Nazionale, das die versunkenen Welten von Herculaneum und Pompeji bewahrt, und das Teatro San Carlo zurück, den Duomo San Gennaro, in dem sich im Jahreskreis pünktlich drei Blutwunder ereignen, **Klöster** in herrlicher Aussichtslage und Kirchen, die Zeugnis ablegen für verschiedenste Baustile. Die Stadt bedarf der Geduld und Aufmerksamkeit. Zu lange war ihr Ruf schlecht, Camorra und Korruption ruinierten sie so sehr, dass nur Enthusiasten an eine neue Chance glaubten und Realisten schon zum Abgesang ansetzten. Doch Neapel verblüfft alle. Es wird renoviert und restauriert, die Museen bekommen eine neue Ordnung, die

Parks wurden grüner, die Straßen sauberer, das Bummeln ist sicherer, denn die *Scippatori* sind zurückhaltender – und die Straßentheater im *Estate a Napoli* aufregender. Die Stadt lebt und brodelt, verwirrt, hält in Atem und macht neugierig. Beim Bummeln im Altstadtzentrum der *Spaccanapoli* entdeckt man die *Neapolitanità* hautnah: Vitalität, Buntheit, Einfallsreichtum, Marktgeschrei, Überlebenskampf, das Wohnen in den *Bassi*, Tor an Tor mit *Krippenbauern*, die ihre frommen Gestalten oft mit verschmitzt unfrommen Zügen beleben.

Neapel ist eine Stadt zum Spazierengehen und Entdecken. Sie liebt Extreme: reich und arm, große Oper, rührende *Canzoni*, schicke Läden, Gassen voller Austernstände, elegante Restaurants und Fischerkneipen, wo der *Polpo* seine Krakenarme wie Fanghaken krümmt.

Beste Wohnlagen in der Antike

Die Cäsaren und ihr Hofstaat verließen Rom nur allzu bereitwillig. Die schönsten Grundstücke für ihre **Sommervillen** zwischen Pozzuoli und Capo Miseno, zwischen Herculaneum, Punta Campanella und Capri waren ihnen Unsummen und

Oben: *Hirtengott Pan unterrichtet einen Schüler im Spiel der Syrinx – antike Statuen im Museo Archeologico Nazionale von Neapel*
Unten: *Wodurch sich der Glasbläser wohl bei der Farbgebung hat inspirieren lassen?*
Rechts oben: *Wie eine dunkle Wolke liegt der eindrucksvolle Vulkan Vesuv, von Sorrent aus gesehen, über dem Golf*
Rechts Mitte: *Nur hereinspaziert: einladende Impressionen der Mosaiken der Casa di Nettuno e Anfitrite in Herculaneum*
Rechts unten: *Das noble Sorrentiner Hotel Excelsior Vittoria thront in exponierter Lage über der Küste*

Morde wert. Bei *Baia* bauten sie Rampen wie Plattformen ins Meer, um in Palästen zu residieren, die sich an Ausblicken und Luxus überboten. Das Wasser nahm Rache. Die instabile Küste senkte sich. Die Villen gerieten metertief in den Uferschlick und die Wissenschaft wurde um einen Berufszweig reicher: den Unterwasserarchäologen mit Sauerstoffflasche und Schwimmflossen.

Die Villen an der Südküste der Bucht fielen dem *Vesuv* zum Opfer. Die Ausgrabungen von *Herculaneum* und *Pompeji* ziehen viele Touristen an. Sie empfinden in den *Scavi* die Magie der Zeitlosigkeit, das Abenteuer, in der 2000-jährigen Vergangenheit zu wühlen, sie sehen die Momentaufnahme einer längst vergangenen Tragödie. Besucher der **Ausgrabungen** sollten jedoch im Voraus wissen, dass die ›beweglichen‹ Originalkunstwerke längst im Museo Archeologico Nazionale in Neapel untergebracht sind und dass sich bis zu 30 000 Menschen täglich durch die Straßen der untergegangenen Städte drängen.

Atemberaubende Abgründe: die Halbinsel von Sorrent

Kühn in Felshänge gehauen, jedoch nur ein Auftakt für das Kommende, führt die kurvenreiche Straße von Neapel über Vico Equense nach **Sorrent**. Die Steilküste trägt auf ihrem Tuffsteinplateau Orte, die im Widerspiel zu den harten Felsabbrüchen in einer sanften, rustikalen Landschaft ausschwingen. Illustre Reisende entdeckten im 18. Jh. die *duftenden Gärten* hoch über dem Meer des Odysseus. Luxus zog in Sorrent ein, Briten und Russen gaben sich ein Stelldichein, Maler und die romantischen Dichter verliebten sich in die Intensität der fast unwirklichen Farben. Die Hotels der Belle Époque, gewaltig und felsverwachsen, in zauberhaften Parks verborgen, haben in Schönheit und Würde überlebt.

An der Südküste der Halbinsel, wo sich hinter Punta Campanella die schroffen Hänge der Monti Lattari lotrecht ins Meer

stürzen, zieht sich die **Prachtstraße Amalfitana** von Positano über Amalfi nach Vietri sul Mare. Allerkühnste Technik überlistete die Geographie, italienische Straßenbaukunst meisterte schier unüberwindliche Abgründe. Die **Fischerorte** mutierten als Folge zu Touristenhochburgen. Doch immer noch ist all das eng Gebaute, Aufeinandergetürmte, sind die Schwindel erregenden Uferfelsen, winzigen Buchten, Dorfplätze, nur puppenstubengroß, von dramatischer Intensität. Blühende Glyzinien, duftende Orangen- und Zitronenbäume, Wildblumen und Ginster, Olivenhaine, Pinien und Weingärten heben den Landstrich ins Unwirkliche. Der **Ausblick** von den wie schwebenden Terrassen der Hotels, von selten bestiegenen Höhenwegen ist geradezu surreal.

Inseln unter der Lichtglocke des Himmels

Die Golfinseln, schwimmende Berge in fast greifbarer Nähe zur Küste, sind so verschieden, wie man sich nur denken kann. **Procida**, die veritable Seefahrerinsel, bietet sich für eine Metamorphose zur Badeinsel wenig an. Den Fischern gehören die Häuser, die Buchten, die Boote, der Strand, die Netze. Massentourismus überlassen sie dem benachbarten grünen **Ischia**, auf dem die **Thermalquellen** so überreich sprudeln, die Flora im Frühling mit seltener Üppigkeit blüht, wo die Strände Namen haben, die ins Ohr gehen und die rastlos gebauten Hotels Komfort bieten.

Kapriziös ist **Capri**: Die Großartigkeit seiner **Naturschönheiten**, die verschwenderisch wuchernde Vegetation und das milde mediterrane Klima haben dem Felseneiland mit den höhlendurchsetzten Kalkfluchten voller olivgrüner Tupfer, mit

den eineinhalb Häfen und den wenigen, einsamen Badebuchten Weltruhm eingebracht. Zuweilen ist das Postkartenimage eine Last, aber jenseits der **Altstadt** gibt es zauberhafte Spazierwege, die Natur pur und einsame Ausblicke über Felsen, Gischt und grüne Schluch-

Oben: *Wie lange er wohl schon seine Netze flickt? Fischer im Hafen von Corricella*
Mitte: *Schiff ahoi! Ein maritimes Keramikmotiv aus Vietri sul Mare*
Unten links: *Sicherlich eine der appetitlichsten Formen, um Nationalfarben zu präsentieren*
Rechts oben: *Mit dem gebotenen Ernst bewältigen die jugendlichen Teilnehmer der Karfreitagsprozession auf Procida ihre Aufgabe*
Rechts unten: *Wer lange in der Sonne liegt, wird wohl ganz schön braun, doch nicht so schwarz wie dieser Strand bei Sorrent*

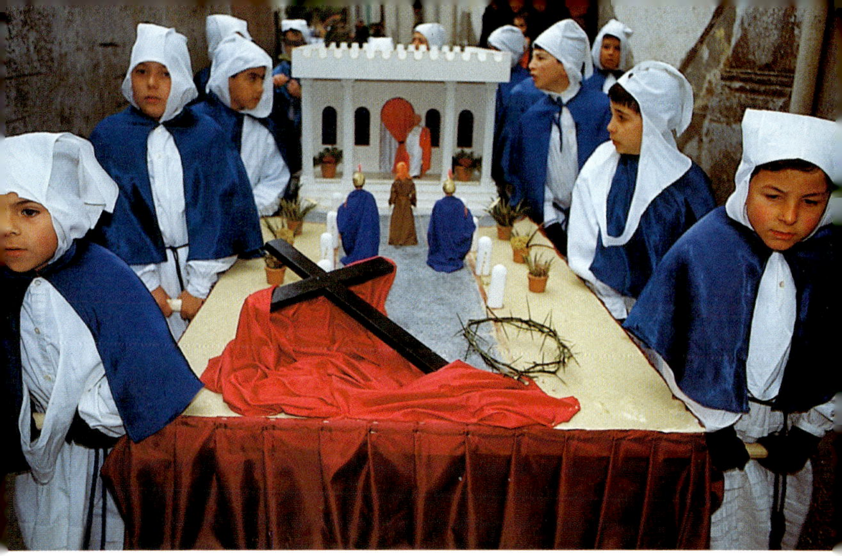

ten bieten. Das **Panorama** des Golfo di Napoli, vom Licht umschmeichelt, ist von dort aus so schön wie eine Fata Morgana.

Der Reiseführer

Dieser Band stellt die Urlaubsregion **Golf von Neapel** in 10 Kapiteln vor. **Neapel**, die Metropole Kampaniens, wird zu Beginn ausführlich beschrieben. Die beiden folgenden Kapitel widmen sich der **nördlichen Golfküste** bis Cuma und den Inseln Procida, Ischia und Capri. Einem Umweg in die *Campania felix* schließen sich die Routen entlang der Vesuvhänge nach **Pompeji** und zur **Halbinsel von Sorrent** an, die zur amalfitanischen Küste überleitet. Ein Abstecher führt nach *Salerno* und zu den Tempeln von **Paestum**, die den Urlaub am Golf zu einem besonderen Erlebnis machen. Den Besichtigungspunkten sind **Praktische Hinweise** angegliedert, im **Aktuellen Teil** finden sich alle nützlichen Informationen für Reiseplanung und -durchführung. Hinzu kommt ein ausführlicher **Sprachführer**. **Übersichtskarten** und **Stadtpläne** erleichtern die Orientierung. Empfehlungen zu Sehenswürdigkeiten, Hotels, Restaurants etc. bieten die **Top Tipps**. Interessante **Kurzessays** runden den Reiseführer ab.

Geschichte, Kunst, Kultur im Überblick

Von griechischen Gründungen zur Herrschaft der Bourbonen und der Entdeckung des Fremdenverkehrs

Spätere Altsteinzeit Funde von Knochen und Steinwerkzeugen auf Capri bezeugen die Anwesenheit von Menschen in vorgeschichtlicher Zeit.

ab 3500 v. Chr. In der mittleren Jungsteinzeit ist eine lockere Besiedlung der Golfinseln belegt.

1600–1200 v. Chr. Bronzezeitliche Dörfer gibt es auf Ischia, Procida und Vivara (Apenninen-Kultur). Überreste von Töpferware weisen auf Handelsbeziehungen zu Mykene hin.

um 1000 v. Chr. Der zur indogermanischen Sprachgruppe zählende altitalische, mit den Samnitern verwandte Stamm der Osker lässt sich in Kampanien nieder.

750 v. Chr. Griechen aus der mittlerweile wohlhabenden Kolonie Pythecusa dringen auf das Festland vor und legen den Grundstein für Kyme (Cuma).

680 v. Chr. Auf dem Hügel Pizzofalcone (heute Neapel) entsteht die rhodische Siedlung Parthenope.

um 600 v. Chr. Etrusker errichten am Volturno die Siedlung Capua (Volturnum) und erweitern ihr Herrschaftsgebiet im Süden Kampaniens.

um 500 v. Chr. Euböische Chalkidier erweitern Parthenope/Palaeopolis zur ›neuen Stadt‹ Neapolis.

474 v. Chr. Hieron I. von Syrakus besiegt die etruskische Flotte bei Kyme, ein schwerer Schlag gegen die etruskischen Eroberungsbestrebungen.

435 v. Chr. Beginn der samnitischen Expansion, in deren Verlauf Capua, Kyme, Dikaiarchia und die Ebene um den Vesuv (mit Ausnahme der griechischen Küstenstädte) erobert werden. Ab dieser Zeit spricht man vom Volk der Kampanier. Ischia und Capri bleiben mit Neapel in griechischem Besitz.

343 v. Chr. Ausbruch kriegerischer Auseinandersetzungen zwischen Römern und Samnitern (Samniterkriege).

340 v. Chr. Anschluss Capuas und großer Teile Kampaniens an Rom. Capri gelangt 328 v. Chr. in römischen Besitz.

326 v. Chr. Neapel verbündet sich mit Rom, erhält den Status einer gleichberechtigten Schwesterstadt, behält aber griechische Sprache und Verfassung bei.

Stolzer Zeuge griechischer Zeit: Tempio di Nettuno in Paestum, das im 7. Jh. v. Chr. als Poseidonia gegründet wurde

ab 250 v. Chr. In Bacoli und Baiae werden die ersten römischen Villen gebaut, Heilungsuchende frequentieren die Thermalbäder.

150–80 v. Chr. Samnitische Periode in Pompeji. Architektur und Bauschmuck sind griechisch beeinflusst. Der sog. 1. pompejanische Stil (Strukturstil) in der Wandmalerei kennt noch keine figürlichen Motive. Architektonische Wanddekorationen werden malerisch nachgeahmt.

89–82 v. Chr. Neapel wird nach dem römischen Bundesgenossenkrieg zum Municipium degradiert, Ischia dem römischen Staatsgebiet einverleibt. Die Sieger legen immer mehr Villen, Gärten und Bäder im fruchtbaren Landstrich rund um den Vesuv und auf den Inseln an. Römische Bautechnik triumphiert in Pompeji.

80–27 v. Chr. Im 2. pompejanischen Stil (Illusionsstil) entstehen bedeutende perspektivische Wandmalereien. Scheinarchitekturen erweitern die Räume. Als Grundierung wird oft Pompejanischrot verwendet.

29 v. Chr. Kaiser Augustus löst Capri vollends von Neapel und gibt im Gegenzug Ischia an Neapel zurück. Im Jahr 6 n. Chr. wird der Tausch dann aber wieder rückgängig gemacht. Blüte von Dichtung, Kultur und Kunst in augusteischer Zeit. Der 3. pompejanische Stil zeigt großzügig angelegte Landschaftsszenerien und mythische Darstellungen auf hellem pastellfarbigen Grund.

Alle Schattierungen der Zerstörungskraft – auf diesem Stich erscheint einer der zahlreichen verheerenden Vesuvausbrüche als interessante Schwarz-weiß-Studie

27–37 n. Chr. Kaiser Tiberius regiert das Römische Weltreich von Capri aus.
ab 54 n. Chr. Der 4. pompejanische Stil (Ornamentstil) verbindet aus der Theaterwelt entlehnte Motive mit dem Illusionsstil.
61 Der Apostel Paulus besucht Pozzuoli. Die erste Kirchengemeinde am Golf entsteht. Katakombenbau in Neapel.
79 Der erloschen geglaubte Vesuv bricht aus und begräbt die blühenden Orte Pompeji, Herculaneum und Stabiae unter Lavaschlamm und Asche.
305 Gennaro, Bischof von Benevent, Neapels späterer Schutzpatron, wird auf Befehl Kaiser Diokletians in Pozzuoli enthauptet.
395 Spaltung des Römischen Reiches in Westrom und Ostrom.
406–460 Kampanien leidet unter dem Einfall der Germanen. Alarichs plündernde Westgoten und Geiserichs zerstörerische Vandalen setzen sich am Golf von Neapel fest.
476 Zusammenbruch des Weströmischen Reiches. In Neapel stirbt Roms letzter Kaiser Romulus Augustulus als Gefangener des Herulers Odoaker, der sich anschließend zum Herrscher über ganz Italien ausrufen lässt.
489 Theoderich der Große besiegt Odoaker und gründet das Ostgotenreich, das nach seinem Tod 526 rasch zerfällt.
ab 535 Erneuerung des Römischen Reiches durch Kaiser Justinian. Italien wird oströmische Provinz.
568 Der Einfall der Langobarden in Italien beendet die byzantinische Rückeroberung. Sie besetzen einen großen Teil Kampaniens, nur Neapel und die Golfküste bleiben als byzantinisches Herzogtum bestehen.
763 Das neue Herzogtum Neapel verteidigt sich gemeinsam mit Capua, Kyme, Pozzuoli, Sorrent und Salerno gegen alle Aggressoren.
ab 800 Kampaniens Küste und Inseln leiden fast ein Jahrhundert lang unter den Einfällen und Plünderungen der Sarazenen.
860 Capri geht in den Besitz der seit 839 selbstständigen Seerepublik Amalfi über.
920 Aufstieg Amalfis zur blühenden Seehandelsstadt.
1139 Neapel, Amalfi und Capua werden von den Normannen erobert und mit Unteritalien dem sizilianischen Königreich einverleibt. Eine Blütezeit unter König Roger II. schließt sich an. Zahlreiche romanische Bauten unter Verwendung antiker Elemente (Spolien) entstehen.
1186 Das normannische Südreich wird durch die Heirat der Thronerbin Konstanze mit Kaiser Heinrich VI. staufischer Besitz.
1225–50 Unter dem Stauferkaiser Friedrich II., der das Heilige Römische Reich Deutscher Nation von Sizilien und Apulien aus regiert, erleben Neapel und die Golfregion einen großen Aufschwung. Die Herrschaft Friedrichs II. erweist sich als Glanzzeit des Mittelalters, es entsteht ein fast modern anmutendes zentralistisches Staatswesen. 1224 entsteht die erste staatliche Universität Europas in Neapel.

Stauferkaiser Friedrich II.: Seine italienische Reise dauerte ein paar Jahre länger als üblich (1212–50)

1268 Der staufische Kaiserenkel Konradin zieht nach Italien, um sein Erbe anzutreten. Er wird von Karl I. von Anjou besiegt und in Neapel hingerichtet.

1301 Ein schwerer Vulkanausbruch erschüttert die Insel Ischia.

ab 1442 Unter der Regentschaft von König Alfons I. von Aragon entstehen in Neapel die ersten bedeutenden Renaissancemonumente.

1503 Beginn der 200 Jahre währenden Herrschaft der Spanischen Vizekönige über das Königreich Neapel.

1550 Neuerlich wüten die Sarazenen auf den Inseln.

1583 Pozzuoli wird durch ein Erdbeben fast völlig vernichtet.

1600 Neapel ist mit 300 000 Einwohnern die größte Stadt Europas. Blütezeit des Barock.

1631 Ein verheerender Ausbruch des Vesuv vernichtet fast alle Dörfer am Fuß des Vulkans . 4000 Menschen kommen um.

1647 Ein Volksaufstand erschüttert in Neapel. Der Fischer Masaniello lässt sich zum König ausrufen; das Zwischenspiel dauert jedoch nur eine Woche.

1656 Pest- und Choleraepidemien suchen die Golfregion heim. 60 % der Bewohner Neapels kommen dabei ums Leben. Die Stadt erlebt einen Niedergang.

1707–34 Die Habsburger regieren das Königreich Neapel. Sie verwalten es von der Wiener Hofburg aus.

um 1735 An der Schwelle zum Klassizismus erlebt Neapel unter den Bourbonenherrschern eine kulturelle Blütezeit. Hauptvertreter der neapolitanischen Schule der Malerei ist Francesco Solimena, als Lieblingsbaumeister der Könige errichtet Luigi Vanvitelli zahlreiche repräsentative Bauten.

1735 In Pompeji und Herculaneum beginnen die Ausgrabungsarbeiten.

1799 Im Zuge der Französischen Revolution und der Napoleonischen Kriege wird in Neapel die Parthenopäische Republik gegründet.

1806 Napoleon besetzt Neapel und Ischia und bestellt zunächst seinen Bruder Joseph Bonaparte, 1808 seinen Schwager Joachim Murat zum Vizekönig. Capri geht zuerst an die Engländer, dann an die Franzosen.

1815/16 Die Bourbonen kehren an die Macht zurück. Neapel und Sizilien werden zum Königreich beider Sizilien vereinigt.

1848/49 Ferdinand II. unterdrückt aufkeimende Unabhängigkeitsbestrebungen in Neapel. Das absolutistische Regime der Bourbonen wird noch gefestigt.

1861 Der letzte Bourbone, Franz II., verliert Neapel an die Freischaren Giuseppe Garibaldis. Neapel schließt sich dem neuen Königreich Italien an.

1883 Wiederholte schwere Erdbeben auf Ischia lassen den aufblühenden Tourismus stagnieren. Casamic-

Als man die Ausgrabungen von Pompeji und Herculaneum noch nicht fotografisch dokumentierte – Stich des 18. Jh.

Für Neapel bedeutete das Treffen der mächtigsten westlichen Staatsmänner im Rahmen des Weltwirtschaftsgipfels im Jahr 1994 das Signal zum Aufbruch

ciola wird zerstört, 2300 Tote sind zu beklagen.

1943–45 Während des Zweiten Weltkriegs erleidet Neapel durch alliierte Bombardements schwere Zerstörungen.

1946 Bei einer Volksabstimmung votieren 80 % der Neapolitaner für die Monarchie. Italien wird jedoch 1948 Republik.

ab 1950 Der einsetzende Massentourismus beschert vor allem Ischia einen ungezügelten Bauboom.

1958 Die Wasserknappheit auf Ischia wird durch den Bau einer unterseeischen Wasserleitung von Neapel zur Insel behoben. Seit 1978 erhält auch Capri über eine submarine Leitung Wasser vom Festland.

ab 1980 Ein schweres Erdbeben in Kampanien fordert 2700 Menschenleben. Bald darauf erfasst die ganze Golfregion ein Tourismus-, Bau- und Modernisierungsboom. Erst ein Gesetz von 1985 geht gegen schwere Bausünden vor.

1994 Groß angelegte Restaurierungsarbeiten an den Sehenswürdigkeiten Neapels werden anlässlich des Weltwirtschaftsgipfels begonnen.

1995 Neapels Altstadt Spaccanapoli wird UNESCO Weltkulturerbe.

ab 1996 Durch diverse Privatinitiativen und große kommunale Anstrengungen im Rahmen eines umfassenden Erneuerungsprogramms verwandelt sich Neapel wieder in ein attraktives Reiseziel.

1998 Nach tagelangen Regenfällen verschütten im Frühjahr Erdrutsche im Hinterland von Neapel zahlreiche Dörfer. Hunderte von Menschen sterben.

2001 Im November wird in Neapel die Città della Scienza, das größte Wissenschafts- und Technologie-Museum Italiens eröffnet. – Unter dem Vesuv entdecken Forscher ein ca. 400 km^2 großes Magmabecken und warnen vor einem möglichen Ausbruch.

2002/2003 Einführung der ›campania artecard‹ zum vergünstigten Eintritt in die großen Museen Neapels und verschiedene Ausgrabungsstätten sowie für Freifahrten mit öffentlichen Verkehrsmitteln.

2005 Die lange unter Verschluss gehaltenen erotischen Wandmalereien und Artefakte aus der 79 verschütteten Stadt Pompeji werden im ›Gabinetto segreto‹ des Museo Archeologico Nazionale in Neapel für die Öffentlichkeit zugänglich gemacht.

Es ist nicht immer der Vesuv, der für Tod und Zerstörung sorgt – nach den verheerenden Erdrutschen im Frühjahr 1998

Für das wunderschöne Panorama stehen sie in antiker Würde Spalier – Statuen auf der Terrasse der Villa Cimbrone in Ravello

Unterwegs

Die Hauptstadt Kampaniens – morbide Schönheit in Aufbruchsstimmung

Neapel, eine griechische Gründung, ist älter als Rom und liegt an einer der schönsten **Meeresbuchten** der Welt. Die Stadt in ihrem Gespinst aus Schönheit und Hässlichkeit, Hoffnung und Verzweiflung kommt dem Besucher allerdings nicht entgegen. Man muss sie Stück für Stück für sich entdecken: ihre Palazzi und Quartieri, ihre labyrinthischen Gassen und lebhaften Märkte, ihre **architektonischen Juwele** und natürlich ihre musealen Schätze. Die Metropole Kampaniens, ein ganzer Kosmos für sich, ist zudem ohne Zweifel auch der ideale Ausgangspunkt für eine Reise um ihren Golf.

1 Neapel (Napoli)

Pläne hintere Umschlagklappe und Seite 19

Lebenskunst in Neapel? Keine andere Stadt beherrscht es besser, ihre Attraktionen in ein buntes, kontrastreiches Volksschauspiel einzubinden.

Das amphitheatralisch in die auf und ab wogende Hügellandschaft um den *Parthenopäischen Golf* gebettete Neapel (ca. 1 Mio. Einw.), für Enge und Gedränge mit einem der schönsten **Panoramen** der Welt belohnt, ufert aus. Tag für Tag pulsiert die drittgrößte Stadt Italiens wie im Fieber: laut, chaotisch, volkstümlich, zutiefst vergangenheitsbezogen und verblüffend modern. In den **Kirchen** und **Klöstern** greifen alle Baustile ineinander. Wunder und Wunderglaube haben einen festen Platz in den religiösen Vorstellungen der Menschen. Die königlichen **Paläste** und die mythenumrankten **Festungen** strahlen. Das Museo Archeologico Nazionale besitzt die bedeutendsten Sammlungen antiker Kunst. Der Palazzo Reale di Capodimonte bewahrt die berühmte Pinakothek der Farnese.

Dämmerung über Hafen, Stadt und Vesuv – Neapel, die Metropole Kampaniens ist in den letzten Jahren zu neuem, aufregenden Leben erwacht

Geschichte Nur eine Legende berichtet von der **Gründung** der Stadt am Sterbeort der zarten Sirene Parthenope. Seefahrende Rhodier errichteten im 7. Jh. v. Chr. die kleine Siedlung *Parthenope* auf einer dem Pizzofalcone vorgelagerten Felsklippe. Nachfolgende griechische Kolonisten nannten den schönen Platz *Palaeopolis* (Altstadt). An der Wende vom 5. zum 6. Jh. v. Chr. wurde die Siedlung etwas weiter nach Osten verlegt und bekam den Namen *Neapolis*. Nach einem kriegerischen Intermezzo mit den Samnitern wurde Neapolis gleichberechtigter Bündnispartner Roms, blieb auch als blühende **römische Handelsstadt** noch lange Zeit griechischer Tradition und Kultur treu, konnte jedoch trotz des Privilegs, den Cäsaren als bevorzugter **Sommeraufenthaltsort** zu dienen, den politischen Niedergang nicht verhindern. Den Römern folgten die Goten, ehe Neapel 763 eigenständiges *Herzogtum* mit einem Faible für byzantinische Kunst und Kultur wurde. 1139 musste sich die Stadt den *Normannen* ergeben, auf sie folgten die *Staufer*.

Ab 1266 regierten die *Anjou* als Könige von Sizilien und Neapel, sie verloren jedoch 1282 Sizilien an das *Haus Aragon*. Der angiovinische Regent wandte seine Aufmerksamkeit nun ganz Neapel zu. Er machte es zur **Hauptstadt** des Königreiches und beschenkte es mit prunkvollen Kirchen und Palästen. Robert von Anjou, genannt der Weise (König 1309–43), ein Förderer des Humanismus, bestellte den Maler Giotto di Bondone (1266–1337) an seinen Hof und schuf ein geistiges Klima, in dem die Dichter Francesco Petrarca (1304–1374) und Giovanni Boccaccio (1313–1375) leben konnten und wollten.

1442 eroberte Alfons I. aus dem spanischen Herrschergeschlecht *Aragon* das Königreich Neapel und vereinigte es wieder mit Sizilien. Er behielt Neapel als Residenzstadt bei und gründete hier die erste humanistische Akademie Italiens.

Von 1503 bis 1707 regierten *Spanische Vizekönige* in Neapel. Unter Pedro di Toledo wurde die Stadt verschönert und ein wichtiger **Bebauungsplan** erarbeitet. 1656 entvölkerte die Pest die Stadt, sie wurde menschenleer, arm, unbedeutend und erholte sich davon nur langsam.

Im *Spanischen Erbfolgekrieg* (1701–13) ergaben sich die drei neapolitanischen Kastelle 1707 den angreifenden Österreichern. Die *Habsburger* hatten bis 1734 den Thron von Neapel inne. In diesem Jahr errangen die spanischen *Bourbonen* die Herrschaft, mit denen der Glanz der absolutistischen Aufklärung in die Stadt kam. Zum wichtigsten Baumeister avancierte Luigi Vanvitelli.

Der alte Mann und das Meer – ein neapolitanischer Fischer bei der täglichen Arbeit

Als Reaktion auf die Französische Revolution wurde 1799 in Neapel und Umgebung die Parthenopäische Republik ausgerufen. Sie war nur von kurzer Dauer. Nach einem französischen Zwischenspiel 1806–15 mit Regenten von Napoleons Gnaden kehrten die Bourbonen zurück. Sie mussten sich aber 1860/61 Garibaldis Truppen geschlagen geben. Neapel wurde Teil des italienischen Staates und sank von der Metropole eines Königreiches zur Hauptstadt der Provinz ab.

Im Zweiten Weltkrieg schließlich wurden große Teile der Stadt von den Bombern der Alliierten zerstört, ehe deren Truppen, von Salerno kommend, in Neapel einzogen. Schwierige Nachkriegsjahre, die **wirtschaftlichen Probleme** des Mezzogiorno, das Erstarken der Verbrecherorganisation Camorra und das schwere Erdbeben von 1980 gaben in der Folgezeit wenig Anlass zur Freude. Erst die Vorbereitungen zum 1994 in Neapel tagenden Weltwirtschaftsgipfel holten die Stadt für einige Jahre aus ihrer Lethargie und lösten eine erstaunliche **Dynamik** aus. Als Meilenstein der Entwicklung Neapels zu einem Zentrum moderner Wissenschaft und Technologie gilt die Eröffnung des multimedialen Museums Città della Scienza im November 2001. Die seit 2004 zunehmenden Machtkämpfe der Camorra haben diese positiven Impulse leider sehr gebremst.

Blick in die Unterwelt – Camorristi und Scippatori

Die Lockerung der Sozialstrukturen, die Überfüllung der Städte, Arbeitslosigkeit, geringe Einkommen, schlechte Chancen haben viele Unzufriedene und Haltlose der **Mafia** zugeführt. ›La Mafia‹, in Neapel **Camorra** genannt, hat ihre Wurzeln im 17. Jh., als die Spanier von den Neapolitanern Schutzgelder eintrieben. Die Verselbstständigung der beauftragten Schutzgeldeintreiber war schließlich nur mehr eine Frage der Zeit. In der Ära der Bourbonen stellte die Camorra eine Art besoldete **Ordnungsmacht** in Gefängnissen, Spielhöllen, in Bordellen und allen finsteren Winkeln der Stadt dar. Sie kaufte junge Männer für den Militärdienst ein, die reichen, aber unwilligen Wehrpflichtigen als Stellvertreter dienten.

Die Organisation wurde selbst reich, ihr Einfluss wuchs, sie drang in alle Kanäle des **Geldwesens**, in öffentliche Institutionen, in Verwaltung und Politik ein und schuf sich damit ein Heer von Tributzahlern. Schon im 19. Jh. hatte die streng hierarchisch organisierte Camorra Neapel fest im Würgegriff. Sie gab sich effizient, genoss großen Respekt und verbreitete Furcht: Bösewichte schützten vor Bösewichten. Mit einem kaum entflechtbaren Netz von Firmenpächtern und Unterpächtern gelangte die Camorra zu einer ungeahnten Fülle von Autorität und **Wirtschaftsmacht**. Die Höhe der ständig fließenden Zahlungen lässt sich kaum abschätzen. Drogen- und Waffenhandel, Schmuggel, Spielsalons und Wettbüros sind heutzutage weitere unrühmliche Einnahmequellen. 2004 kam Neapel zudem in die Schlagzeilen mit einem Bandenkrieg, der über 100 Menschen das Leben kostete.

Reisende bleiben davon unberührt. Tourismusbetriebe regeln das Geschäft mit dem erkauften Frieden auf äußerst diskrete, aber effiziente Weise. Wachsamkeit ist lediglich gegenüber den ›Scippatori‹, den **Langfingern** auf Mofas und Motorrädern und den listigen Meisterdieben nötig. Die beste Vorsorge ist hier, wie in so vielen Großstädten der Welt: Man lasse alles, was einem wertvoll ist, im Hotelsafe.

Dem Straßenleben enthoben – hoch über dem Prachtbau des Palazzo Reale thronen das Castel Sant' Elmo und die Certosa di San Martino

Ausblicke und erste Einblicke

Vom Norden kommend, erreicht man über die A 1 den Stadtrand von Neapel und wechselt hier auf die Umgehungsstraße Tangenziale über. Man verlässt sie beim Knoten Vomero und folgt der Via Cilea und der Via Scarlatti bis zur Piazza Vanvitelli (Parkplatz).

Das nahe **Castel Sant' Elmo** 1 (Di–So 9–19 Uhr, www.musis.it) auf dem Vomero-Hügel liegt wie eine Krone über der Stadt. Robert von Anjou erkannte die strategischen Möglichkeiten des Ortes und veranlasste 1349 den Bau der Festungsanlage Belforte. Don Pedro di Toledo ließ den angiovinischen Bau im Grundriss eines sechszackigen Sterns erweitern und imponierend befestigen. Dennoch ereilte die Stein gewordene Drohgebärde ein makaber-kurioser Schicksalsschlag: 1587 traf ein Blitz das Munitionsdepot; ein großer Zitadellentrakt explodierte und 157 Menschen verloren ihr Leben. Heute wird das sorgfältig restaurierte Castel für *kulturelle Veranstaltungen* genutzt.

Unterhalb von Sant' Elmo liegt prachtvoll auf einem Bergvorsprung die **Certosa di San Martino** 2. Die ursprünglich gotische Kartause, im 14. Jh. unter dem Patronat des Hauses Anjou gegründet, erfuhr im frühen 17. Jh. durch Giovanni Antonio Dosio und Cosimo Fanzago eine tief greifende barocke Umgestaltung. Überreich mit Marmor und Gemälden neapolitanischer Maler des 17. Jh. ausgestattet ist die prunkvolle **Klosterkirche**. An der linken Seite des Gotteshauses schließt die mit Holzintarsien geschmückte Sakristei und die *Cappella del Tesoro* mit Luca Giordanos Fresko ›Trionfo di Giuditta‹ an, das 1704, kurz vor dem Tod des Künstlers, entstand.

Die Kartause ist Sitz des **Museo Nazionale di San Martino** (Di–Fr 8.30–19.30, Sa, So 9–19.30 Uhr, Tel. 08 15 58 59 42). Seine Pinakothek gibt einen Überblick über die barocke neapolitanische Malerei des 17. und 18. Jh. Hauptattraktion ist der *Presepio Napoletano*, eine Krippe mit überlebensgroßen Terrakottafiguren.

Westlich der Piazza Vanvitelli erreicht man die vornehme **Villa Floridiana** 3 inmitten ihres großartig terrassierten Parks. Villa und Park waren Liebes- und Trostgeschenke König Ferdinands IV. von Bourbon an seine langjährige Geliebte Lucia Migliaccio Paranna. Erst nach dem Ableben seiner ersten Frau, der Maria-Theresia-Tochter Marie Caroline von Habsburg, konnte er die zur Herzogin von Floridia Avancierte heiraten.

Die im Jahr 1819 fertig gestellte Villa, heute **Museo Nazionale della Ceramica Duca di Martina** (Di–So, Fei 8.30–13.30 Uhr, Tel. 08 15 78 84 18, www.musis.it), beherbergt kostbare *Porzellansammlungen* aus Europa, China und Japan, darüber hinaus hervorragende Arbeiten aus Emaille, Gold und Elfenbein.

Feiertagsstimmung auf dem Platz, den Neapels Könige liebten – die Piazza del Plebiscito mit der Chiesa San Francesco di Paola

Königliche Pracht im Zentrum des Zentrums

In einer Stadt, die räumliche Enge als Geborgenheit und Notwendigkeit empfindet, verkörpert die monumentale halbkreisförmige **Piazza del Plebiscito** 4 den Traum von Größe und Weite. Napoleons Schwager Joachim Murat, Gastwirtssohn, tollkühner Reitergeneral, als *Gioacchino* 1808–15 König von Neapel, gab das **Foro Murat** vor dem Palazzo Reale in Auftrag. Die zurückgekehrten Bourbonen ließen Murat zwar erschießen, doch seinen Plan von der kolonnadengefassten *Piazza* wussten sie durchaus zu schätzen. Nach der Fertigstellung wurde sie kurzerhand in Foro Ferdinandeo umgetauft, die Reiter auf den Standbildern sind Bourbonenkönige.

Wo einst die Bourbonen schritten – Picchiattis Prunktreppe im Palazzo Reale

Die Westfront des **Palazzo Reale** 5 mit den acht eingefügten Marmorstatuen neapolitanischer Herrscher nimmt die ganze Breite der Piazza ein. Domenico Fontana, ehemals päpstlicher Hauptbaumeister in Rom, konzipierte für den Spanischen Vizekönig Ferdinand Ruiz de Castro 1598 den Neubau über einer älteren Residenz. Der dreigeschossige Palazzo wirkt kraftvoll, nüchtern und erdschwer. Erst Ferdinando Fuga gab ihm 1759 mit dem **Festflügel** eine imperiale Note. Die ganze Schönheit des nach einem Brand im 19. Jh. und den Kriegsschäden des 20. Jh. wieder instand gesetzten Gebäudes zeigt sich im Inneren. Die doppelläufige **Prunktreppe** des Francesco Antonio Picchiatti von 1651 bringt architektonische Raffinesse und Grandezza in den schmalen Raum. Sie führt zu den original ausgestatteten *königlichen Gemächern* der Bourbonen, die heute das **Museo di Palazzo Reale** (Do–Di 9–20 Uhr, Tel. 08 15 80 83 26) bilden. Der *Thron-*

saal erhält sein imperiales Ambiente durch *Deckenreliefs* der zwölf königlichen Provinzen und beachtenswerte *Herrscherporträts*. Im Festflügel des Palastes befindet sich die **Biblioteca Nazionale**, die fußend auf der Farnese-Sammlung überreich angewachsen ist und zudem 2000 Paryri aus Herculaneum enthält. Kostbarstes Stück der Sammlung sakraler Kunst in der **Cappella** (Do–Di 9–20 Uhr) ist der mit Halbedelsteinen geschmückte *Altar*, den Dionisio Lazzari 1674 fertigte. Von den *Hängenden Gärten* (Zugang durch das Gemach der Königin Maria Christina) genießt man einen besonders schönen *Ausblick* auf den Golf.

Den westlichen Abschluss der Piazza del Plebiscito bildet die **Chiesa San Francesco di Paola** 6. Sie ist eine *Triumphkirche*. Ferdinand IV. von Bourbon, ab 1815 als Ferdinand I. Herrscher über das Königreich beider Sizilien, ließ sie 1817 in seiner Euphorie über die Rückkehr der Bourbonen nach Neapel als Kopie des römischen Pantheon erbauen.

Durch einen Gang direkt mit dem Palazzo Reale verbunden ist das **Teatro San Carlo** 7 (www.teatrosancarlo.it). Das mächtige *Opernhaus* mit seinen 3000 Plätzen, in nur acht Monaten zwischen Frühling und Herbst 1737 erbaut, 1816 nach einem Brand im klassizistischen Stil erneuert, spielte und spielt eine Schlüsselrolle im italienischen Musikleben. Die opulente **Dekoration** in Rot und Gold verleiht dem Haus Würde und Distinktion. Hier brillierten zahlreiche *Sängerstars*, kapriziöse Primadonnen lieferten sich kapriziöse Gefechte, Erfolge und Misserfolge wurden inmitten von Begeisterungstaumel und Publikumspfiffen geboren. *Enrico Caruso* (1873–1921), Neapolitaner mit einer der begnadetsten Stimmen der Musikgeschichte, gab 1902 im Teatro San Carlo sein Debüt.

Jenseits der Piazza Trieste e Trento lockt das exklusive **Caffè Gambrinus** 8 mit seiner Jugendstil-Atmosphäre.

Am Nordende der Piazza Trieste e Trento, hinter der Chiesa San Ferdinando aus dem 17. Jh., lädt die **Galleria Umberto I** 9 zum Einkaufsbummel ein. Die doppelflügelige, glasüberkuppelte Ladenstraße, luxuriös und profitabel, symbolisiert den Aufbruch Neapels in das neue italienische Zeitalter gegen Ende des 19. Jh. Über 100-jährig und neu renoviert, präsentiert sie sich mit ihren Boutiquen, Cafés und Juwelieren wieder sehr attraktiv. Sie führt zur **Via Toledo** 10, dem prachtvollen *Boulevard*, den Pedro di Toledo, der Mann mit dem Faible für Größe und Prunk, im 16. Jh. schnurgerade als breite Schneise durch die Stadt schlagen ließ.

Am Ende der von der Piazza Trieste e Trento ausgehenden Via Vittorio Emanu-

Schöne alte Einkaufswelt – die glanzvolle Atmosphäre des ausgehenden 19. Jh. ist in der monumentalen Großstadtarchitektur der Galleria Umberto I noch heute lebendig

Wie die architektonische Drohgebärde einer kriegerischen, unbarmherzigen Vergangenheit wirken die Mauern des Castel Nuovo auf den Betrachter

ele öffnet sich weitatmend und sanft zum Meer abfallend die **Piazza del Municipio** 11.

Massive Rundtürme, dunkel und wehrhaft, bilden die Eckpfeiler des TOP TIPP **Castel Nuovo** 12. Als die Anjou im 13. Jh. in Neapel Fuß fassten, hatten sie eine Residenz für viele Generationen im Sinn. 1282 zogen sie in das Castrum Novum ein, auch Maschio Angioino (›Anjou-Jüngling‹) genannt, und genossen den weiten, freien Blick über die Bucht. Viel ist von diesem frühen Bau nicht erhalten geblieben. 1442 setzte Alfons I. von Aragon, ›Il Magnanimo‹, Herrscher über die vereinten Reiche Neapel und Sizilien, ein aragonesisches Kastell auf die Grundmauern des Maschio Angioino. Die berühmte Tavola Strozzi – heute im Nationalmuseum von Capodimonte [s. S. 32] – zeigt die Stadtansicht Neapels aus dem 15. Jh. mit dem ursprünglichen Castrum Novum. Vom Siegerstolz Alfons I. kündet der herrliche doppelstöckige Triumphbogen, der marmorweiß mit Reliefarbeiten und Statuen zwischen zwei düstergrauen Türmen aus Peperinsteinen leuchtet. Erstmals in Neapel siegte hier die Renaissance über die Gotik.

Kernstück des Palastes ist die **Sala dei Baroni**, in der heute noch der Stadtrat tagt. Unter dem prächtigen Sternengewölbe des Guglielmo Sagrera ließ Ferdinand I. von Aragon aus Rachedurst anlässlich eines Hochzeitsfestes alle Barone festnehmen, die sich an einer Verschwörung gegen den Regenten beteiligt hatten. Anschließend wurden sie in Ketten gelegt, gefoltert und schließlich hingerichtet.

Das **Museo Civico di Castel Nuovo** (Mo–Sa 9–19 Uhr, Tel. 08 17 95 58 77) zeigt in der Palastkapelle Fresken des 14./15. Jh., in den drei Stockwerken des Südflügels Gemälde und Kunstgegenstände der letzten 500 Jahre aus Silber und Bronze.

Die Altstadt zwischen Piazza del Gesù und Castel Capuano

Das Zentrum der zum *Weltkulturerbe* ernannten Altstadt ist ein Gewirr von Gassen und Gässchen, Piazze und Piazzette beidseits des Straßenzuges **Spaccanapoli** 13 (›spaltet Neapel‹), der dem ältesten Viertel den Namen gab. Hier pulsiert das Volksleben in Gassen so eng, dass sie die Sonne kaum erreicht. Am Fuße des Vomero-Hügels beginnend, setzt sich die Spaccanapoli in der Via Pasquale Scura und Via Maddaloni fort, in der Piazza del Gesù und der Via Benedetto Croce, Via San Biagio dei Librei und Via Forcella.

Blickpunkt auf der **Piazza del Gesù** 14 ist die *Guglia dell' Immacolata*, eine opulente, 1747–50 von Giuseppe Genuino geschaffene Architekturplastik mit einer Überfülle von Rokoko-Dekor. Sie bildet einen auffallenden Kontrast zur **Chiesa Il Gesù Nuovo** 15 und ihrer nüchternen Quaderfassade aus Peperinstein in regelmäßigem Diamantschnitt. Die Eingangswand der 1584–1601 erbauten, ganz in farbigem Marmor gehaltenen und dennoch auf die Farben der Jesuiten (Weiß und Gold) abgestimmten Kirche zeigt das berühmte spätbarocke *Fresko* ›Vertreibung des Heliodor‹ von Francesco Solimena.

Gewaltig sind die Dimensionen des an die Kirche anschließenden **Complesso di S. Chiara** (16). Nach der Grundsteinlegung für Kirche und Klosterkomplex durch Robert von Anjou 1310 errichtete Gagliardo Primario einen recht nüchternen Bau. Im Laufe seiner wechselvollen Geschichte erlebte dieser Erdbebenschäden, Neuaufbau, seine Barockisierung, die Zerstörung im Zweiten Weltkrieg und schließlich seine Rekonstruktion im ursprünglichen Stil der provenzalischen Gotik. Die einschiffige Saalkirche mit dem die Horizontale betonenden Längsraum ist Grablege der Anjou. Beeindruckende gotische Monumente schuf Tino di Camaino, das kostbare Grab für Robert den Weisen fertigten die Brüder Bertini aus Florenz. Einen besonderen Zauber strahlt der Chiostro delle Clarisse aus, auch **Chiostro delle Maioliche** genannt. Säulen und Ruhebänke des anmutigen Kreuzgangs wurden im 18. Jh. von Giuseppe und Donato Massa über

Rokokoverspieltheit vor steinerner Stirn – Guglia dell' Immacolata und Chiesa Il Gesù Nuovo

und über mit Majoliken geschmückt. Gartengrün, Glyzinien und Weinstöcke beschatten die üppig-bunten Bilder der Fayencekünstler mit ihren mythischen und pastoralen Szenen, mit ihren Darstellungen von Spiel und Jagd. Die angren-

Grün, das zu keiner Jahreszeit verblasst – Fayencegirlanden ranken sich um die Säulen des Chiostro delle Maioliche im Complesso di S. Chiara

Eine Lichtorgel? Über die Säulen von San Domenico Maggiore spielt die Sonne

zende Via Benedetto Croce führt – vorüber an Renaissance- und Barockpalästen mit einigen sehenswerten Architekturdetails – zur **Piazza San Domenico Maggiore** 17. Sie ist lärmerfüllt, betriebsam, zuweilen auch Schauplatz von Theateraufführungen und Konzerten vor entfesseltem Publikum. Im Zentrum der Piazza steht die hochbarocke **Guglia di San Domenico**, 1656 nach dem Ende der Pestepidemie von den Neapolitanern gestiftet: eine von Francesco Antonio Pichiatti konzipierte Pyramide, die reich verziert auf einem gewaltigen Sockelbau aufsteigt und von Antonio Vaccaros Statue des hl. Dominikus gekrönt wird. Sie lenkt den Blick auf die zinnengekrönte Apsis der **Chiesa San Domenico Maggiore** 18. In all der Zeit seit ihrer Erbauung im späten 13. Jh. erlebte die *Lieblingskirche* des *Hauses Aragon* zahlreiche Katastrophen, Umbauten und Rekonstruktionen. Dadurch ging der herb-schönen Dominikanerkirche der einheitliche große Gestus der Gotik verloren – barocke Details wie die reich geschmückte Vorhalle kamen hinzu. Auch im Inneren der dreischiffigen Basilika kontrastieren Gotik und Barock. Eine hervorragende Arbeit ist der ›*Christus am Kreuz*‹ aus dem 13. Jh. im Cappellone del Crocifisso. Unter den *Gewölbefresken* von Francesco Solimena – ›Triumph des katholischen Glaubens über die Häresie‹ – in der Sakristei ruhen in kunstvoll verzierten und restaurierten Holzsärgen zwei Könige des Hauses Aragon und 43 weitere Würdenträger. Im nahen Kloster lebte und lehrte der *Doctor angelicus* **Thomas von Aquin**. Der bedeutendste Theologe und Philosoph

Tenöre, Fischer, Heilige – bunt gemischt wie das Volk in Neapels Straßen präsentieren sich auch die Krippenfiguren in den Läden der Via Gregorio Armeno

Ein Heiliger für alle Fälle

Der magische Ort, an dem die Frommen Neapels sich treffen in der Hoffnung, mit ihren kleinen und großen Anliegen göttliches Gehör zu finden, ist die **Cappella del Tesoro di San Gennaro** im Dom der kampanischen Metropole. Nie war die Frömmigkeit der Neapolitaner introvertiert. Mit ihrem Stadtheiligen **San Gennaro**, Bischof von Benevent, der 305 n. Chr. den Märtyrertod starb, zu einer Zeit, als Kaiser Diokletian den Jupiterkult zu neuem Leben erweckte, stehen sie seit Jahrhunderten auf Du und Du.

Il Miracolo, das zwei- bis dreimal jährlich zu erwartende **Blutwunder**, betrachten sie längst als göttliche Selbstverständlichkeit. Wenn der Kardinal an den Januarius-Festtagen der silbernen Schatztruhe unter der vergoldeten Heiligenbüste das kostbare Reliquiar mit den beiden **Ampullen** entnimmt, halbvoll mit vertrocknetem Märtyrerblut, steigt die Spannung im Dom. Innig ersehnt die Menge der Gläubigen eine Verflüssigung der dunklen Substanz. Geschieht das **Wunder** unverzüglich, ist Kampaniens Welt in Ordnung. Lässt es auf sich warten oder ereignet es sich – was jedoch nur ganz selten geschieht – gar nicht, herrscht gedrückte Stimmung im ganzen Land.

Das Ausbleiben des Beweises göttlicher Gewogenheit gilt allemal als Unglückszeichen. Das Wunder zu erzwingen, das vermochte bisher einzig ein General Napoleons, indem er den Erzbischof mit dem Tod bedrohte – vor solcherlei Verzweiflungstaten schreckte die neapolitanische Volksseele selbst in größter Sehnsucht und Verbitterung noch stets zurück. Zahlreiche Neapolitaner versuchen jedoch, die Enttäuschung ihrer Hoffnungen mit Liebesentzug zu quittieren, indem sie sich am nächsten Feiertag der dem Miracolo vorausgehenden Prozession nicht anschließen – was andererseits keineswegs heißt, dass sie am Ende nicht dennoch wieder in gespannter Erwartung in den Dom strömen.

des Mittelalters entwickelte hier die scholastische Lehre von Gottes Offenbarung.

Ganz in der Nähe, Via De Sanctis 19, findet man die **Cappella Sansevero** 19 (Mi–Mo 10–17.40, So, Fei 10–13.10 Uhr, Tel. 08 15 51 84 70). Als Gelübdekapelle des Giovanni Francesco di Sangro 1590 erbaut, wurde sie im 18. Jh. unter Raimondo di Sangro, einem ebenso genialen wie illustren Wissenschaftler, völlig neu und reich mit Statuen und Fresken ausgestaltet. Die bemerkenswerteste Figur ist ›*Il Cristo Velato*‹, der ›verhüllte Christus‹ des Bildhauers Giuseppe Sammartino: Der ungemein zarte Schleier wurde allen Materialgegebenheiten zum Trotz aus Marmor gearbeitet.

Zurück auf der Spaccanapoli, sollte man dem eher unscheinbaren Kirchlein **Sant' Angelo a Nilo** 20 Beachtung schenken: Es erhält seine Bedeutung durch das 1428 von Michelozzo und Donatello gearbeitete Renaissancegrab für Kardinal Rinaldo Brancaccio.

Die anschließende Via S. Biagio dei Librai mit Kirchen und Palästen aus dem 16. Jh., mit Juwelieren, Devotionalien- und Krippenhandlungen, mit der Attitüde von Chaos und Volksfrömmigkeit, gibt einen Vorgeschmack auf die links abzweigende **Via Gregorio Armeno**, in der sich Krippenladen an Krippenladen reiht [s. S. 78].

Mitten im Straßengewirr erhebt sich an der Piazza San Gaetano die Kirche **San Lorenzo Maggiore** 21 aus dem späten 13. Jh. Ein frühchristlicher Vorgängerbau über einer Ladenstraße des griechisch-römischen Neapolis wich nach den Wünschen Karls I. von Anjou einer eleganten Kirche, in der sich französische Gotik mit mediterranen Architekturformen mischte. Erdbebenschäden und Umbauten führten schließlich im 19. Jh. zur umfassenden Rekonstruktion des ursprünglichen gotischen Zustandes. Die einschiffige Saalkirche mit Kapellen an den Längswänden, sehr hell mit einem wunderschönen polygonalen *Chor*, zeigt rechts vom Hauptaltar des Giovanni da Nola das wahrscheinlich als frühes Werk des Tino di Camaino anzusehende *Prunkgrab* der 1323 gestorbenen Katharina von Österreich, der Schwiegertochter Roberts von Anjou.

Dort, wo sich in der Antike die Agora befand, steht die frühbarocke **Basilica di San Paolo Maggiore** 22 aus dem aus-

8000

BERKEL

gehenden 16. Jh. über den Resten eines römischen *Dioskurentempels* und einer mittelalterlichen Kirche. Höchst eindrucksvoll führt eine mächtige *Freitreppe* zum Eingang. Die Vorhalle des Dioskurentempels, die in die Fassade integriert worden war und als Besonderheit in frühe Architekturbücher einging, fiel leider 1688 einem Erdbeben zum Opfer. Barock ist der von Francesco Grimaldi mitkonzipierte **Innenraum** der Kirche. Francesco Solimena, der bedeutendste Meister des Spätbarock in Neapel, schuf die beeindruckenden Fresken in der Sakristei. Dramatisch inszenierte er die ›Bekehrung des Paulus‹.

Über die Via Tribunali und die Via Duomo geht es nun zum **Duomo San Gennaro** 23 (tgl. 8–12.30 und 16.30–19.30 Uhr, Tel. 0 81 44 90 97). Karl I. von Anjou, Bruder des französischen Königs Ludwig IX., zog 1268 als Sieger über das staufische Heer in Neapel ein. Willenskraft und Fantasie waren vonnöten, um die Errichtung dieses Doms in Angriff zu nehmen. Auf dem ausgewählten Grund befanden sich Reste vom Tempelbezirk der römischen Agora, zwei frühchristliche Kirchen, mehrere Kapellen und Krypten. Schließlich wurde Neapels größte und prächtigste, ursprünglich im Stil der französischen Gotik erbaute Kirche ein etwas unregelmäßiger Komplex, der Besucher durch *Stilvielfalt* erheblich verwirrt. An die nördliche Längswand des verwinkelten Bauensembles schließen Neapels älteste Kirche, die *Cappella S. Restituta*, und das *Battistero* aus frühchristlicher Zeit an. Durch die südliche Längswand erreicht man die *Cappella del Tesoro di San Gennaro*.

Vom ursprünglichen Dom ist nur noch das **Mittelportal** erhalten, das sich jetzt in die neugotische Fassade fügt. Die Grabmonumente für Karl I. von Anjou, den Ungarnkönig Karl Martell und Clementia von Habsburg an der Innenwand schuf der Tessiner Baumeister Domenico Fontana erst drei Jahrhunderte nach dem Tod der drei Herrscher. Das **Hauptschiff** ist von den Seitenschiffen durch spitzbogige Arkaden getrennt und hat eine barocke Kassettendecke mit eingefügten Bildern. Seine Hochwände zeigen Heiligendarstellungen des Luca Giordano. Ein Rundgang führt links vom Portal zur **Cappella S. Restituta**. Konstantin der Große hatte sie im Jahre 320 in Auftrag gegeben. Zurück im Hauptschiff, sollte man sich unbedingt die *Cappella di San Lorenzo* links vom Chor mit einem Fresko aus dem 14. Jh. und die in ursprünglicher Gotik erhalten gebliebene *Cappella Minutolo* mit Apostelfresken aus dem 13. Jh., mehreren Grabdenkmälern und einem schönen Mosaikfußboden anschauen.

Unbestrittener Höhepunkt des Doms ist jedoch die **Cappella del Tesoro di San Gennaro**. Die große frühbarocke Kapelle, ab 1608 nach Entwürfen von Francesco Grimaldi entstanden, ist eindrucksvoll mit kostbarem Marmor verkleidet, mit zahlreichen Skulpturen sowie Fresken des Bolognesers Domenicchino und des in Neapel tätigen Malers Jusepe de Ribera geschmückt. Sie wird von einem Kuppelfresko des Giovanni Lanfranco überwölbt. Ihre Gestaltung ist ganz auf die vergoldete **Reliquienbüste** ausgerichtet, die den Schädel von San Gennaro enthält. In zwei Glasampullen wird das **Blut des Heiligen** aufbewahrt, das sich im Mai und September eines jeden Jahres auf wunderbare Weise verflüssigen soll.

Bei einem Besuch der *Ausgrabungsstätte* unter dem Dom (tgl. 8–12.30 und 16.30–19.30 Uhr) kann man in die Römerzeit hinabsteigen.

Im Mai 2003 neu eröffnet wurde das an den Dom angrenzende **Museo del Tesoro di San Gennaro** (Di–So 10–19 Uhr, Tel. 0 81 29 49 80) mit wertvollen Kirchenschätzen, das auch Zugang zu der von Luca Giordano prächtig freskierten Sakristei gewährt.

Die Via dei Tribunali führt direkt auf das **Castel Capuano** 24 zu. Normannenkönig Wilhelm I. errichtete das Castel zur Einschüchterung aller Rebellen und Feinde. Kaum fertig gestellt, wurde die vierflügelige Anlage jedoch von den Staufern als kaiserliche Burg in Beschlag genommen. Sie blieb unter wechselnden Herren im Besitz dieses Hauses, bis die Spanischen Vizekönige in den Palazzo Reale umzogen und das umgebaute Castel zum Justizpalast bestimmten. In der freskengeschmückten *Cappella Sommaria* beteten die Obersten Richter früher um göttlichen Beistand, ehe sie ihre höchst irdischen Urteile sprachen.

An der nahen Piazza Porta Capuana steht die als Stadttor und Triumphbogen

◁ *Eine Kostprobe Neapolitanità gefällig? Ein Cappuccino wird im altehrwürdigen Caffè Gambrinus serviert* **(oben)**, *die Zutaten fürs Abendessen oder ein Andenken findet man an Marktständen und in den Läden der malerischen Altstadt rund um die Spaccanapoli* **(Mitte und unten)**

für Ferdinand II. von Aragon erbaute **Porta Capuana** 25. Zwei düstere Rundtürme der alten Stadtmauer, *Onore* (Ehre) und *Virtù* (Tugend) genannt, rahmen das marmorne Renaissancetor, das Giuliano da Maiano im Jahr 1484 entworfen hatte.

Über die gleichnamige Via gelangt man zur **Chiesa San Giovanni a Carbonara** 26. Die Konventskirche der Augustinereremiten wurde 1343 begonnen, 1396 unter König Ladislaus von Anjou vollendet und im 15. und 17. Jh. umgebaut. Im **Inneren** beeindruckt vor allem das von Andrea und Marco da Firenze um 1420 geschaffene, 18 m hohe, von Karyatiden getragene *Monumentalgrab* für den 1414 verstorbenen König Ladislaus.

Von der Via San Giovanni a Carbonara führt die Via SS. Apostoli zur **Chiesa dei SS. Apostoli** 27 mit einer bedeutenden *Freskenserie* von Giovanni Lanfranco aus der Mitte des 17. Jh. und dem ›Altare Filomarino‹ vom Meister des römischen Hochbarock, *Francesco Borromini*. Folgt man dem antiken Decumano Superiore, der heutigen Via Anticaglia mit den vielen kleinen Kirchen in der unmittelbaren Umgebung, gelangt man zur Via S. Maria di Constantinopoli und zur Piazza Museo.

Vom Museo Archeologico Nazionale nach Capodimonte

Soldaten und Pferde sollten im 16. Jh. das als Kaserne großzügig konzipierte Gebäude an der Piazza Museo bewohnen. Im 17. Jh. wurde es zur Universität umgebaut, im 18. Jh. machte man aus dem Palazzo dei Regi Studi das **Museo Archeologico Nazionale** 28 (Mi–Mo 9–20 Uhr, www.musis.it). Den Grundstock des Museums bildeten die berühmten Farnese-Sammlungen. Durch die Aufnahme der Schätze aus Pompeji, Herculaneum und Cuma, die Eingliede-

◁ *Nicht nur von großen Staatsmännern, Helden und mächtigen Göttern der griechischen und römischen Vergangenheit kündet die wahrhaft olympische Sammlung des Museo Archeologico Nazionale. Auch Grazie und Schönheit erwarten die Liebhaber der Kunst*

rung der Borgia-Kollektion etruskischer und ägyptischer Kunst und der Santangelo-Kollektion alter Münzen entstand eine der **bedeutendsten Antikensammlungen der Welt**. Infolge von Umstrukturierungsmaßnahmen im Zusammenhang mit Sonderausstellungen kommt es immer wieder zu Änderungen, doch die hier beschriebenen Abteilungen können in der Regel besichtigt werden.

Das *Erdgeschoss* (Piano Terra) ist überwiegend den **römischen Skulpturen** gewidmet. Großartige Stücke aus Pompeji und Herculaneum findet man im *Atrio*. Im rechten Flügel des Hauses, in der *Galleria dei Tirannicidi* (Galerie der Tyrannenmörder) und in der *Galleria dei Grandi Maestri*, werden die Stilphasen der antiken Kunst vor allem anhand römischer Kopien griechischer Meisterwerke präsentiert: Herausragend sind die ›Tyrannenmördergruppe‹ – die römische Kopie der griechischen Heldenfiguren Aristogeiton und Harmodias – sowie das Relief ›Orpheus und Euridyke‹. In den anschließenden Räumen brillieren Teile der **Farnese-Sammlungen** wie der berühmte ›Herakles Farnese‹ und der ›Farnesische Stier‹ aus den Caracalla-Thermen in Rom. Wunderschön ist die **Collezione di Gemme** (im rechten Flügel ganz rechts) mit immens wertvollen Stücken aus dem Besitz von Cosimo und Lorenzo di Medici.

Im *Souterrain* (Piano Seminterrato) bietet die Sammlung *Epigrafi* griechische, oskische, etruskische und lateinische **Inschriftentafeln** von unermesslichem Wert dar. Bemerkenswert sind vor allem die bronzenen ›Tavole di Eraclea‹ aus dem 4.–3. Jh. v. Chr.

In den anschließenden Räumen ist die *Collezione Egiziana* untergebracht, die große **ägyptologische Sammlung**. Sie umfasst Kunst- und Kulturgegenstände von der Periode des Alten Reichs (2700–2200 v. Chr.) bis zum ptolemäisch-römischen Zeitalter.

Allergrößtes Interesse erregt die Abteilung **Mosaici** im *Zwischengeschoss* (Piano Ammezzato). Hier wurde alles Wertvolle aus den Ausgrabungen von **Pompeji**, **Herculaneum** und **Stabiae** zusammengetragen. Die Stücke stammen aus dem Zeitraum vom 2. Jh. v. Chr. bis 79 n. Chr. Berühmtestes Exponat ist das 6,20 m lange Mosaik der ›**Alexanderschlacht**‹ aus der pompejanischen *Casa del Fauno* [s. S. 94], die mosaizierte Kopie eines griechischen Gemäldes aus dem 3. Jh. v. Chr.

Großen Besucherandrang erfährt das **Gabinetto segreto**, in dem die lange unter Verschluss gehaltenen erotischen Malereien und obszönen Artefakte aus Pompeji nun zu besichtigen sind.

Im *Obergeschoss* (Primo Piano) werden in den nach der **Villa dei Papiri** benannten Sälen zahlreiche Großplastiken, Marmor- und Bronzeskulpturen, Gemäldefragmente sowie einige (von insgesamt 2000) Papyrusrollen aus der im 18. Jh. bei Herculaneum ausgegrabenen Vorstadtvilla aufbewahrt [s. S. 84]. Die Abteilung *Magna Graecia* mit all ihren künstlerischen und kulturhistorischen Facetten ist

Porzellanlust

Porzellan, das ›**weiße Gold**‹ Chinas, kam erstmals im 16. Jh. nach Europa. Die ursprünglich blau-weißen Exportporzellane, im 17. Jh. durch grüne, im 18. Jh. durch rosa Dekore bereichert, weckten die **Sammelleidenschaft** von Königen und Fürsten. In Meißen entstand 1710 die erste europäische Porzellanmanufaktur. Neapels **König Karl IV.** von Bourbon gründete, begünstigt durch die Meißner-Porzellan-Mitgift seiner Frau Marie Amalie aus Sachsen, 1743 im Park von Capodimonte die **Real Fabbrica delle Porcellane**.

Ein Traum aus 3000 weißgrundigen, überreich mit Blütenranken, Vögeln und chinesischen Genreszenen geschmückten Porzellanplatten ist der 1757–59 entstandene **Portici-Salon** (Saal 52) von Capodimonte. Karl IV. machte den zarten, wie schwebend wirkenden Raum seiner sächsischen Frau zum Geschenk. Lange allerdings konnte sie die Kostbarkeit nicht genießen. Im Jahr der Fertigstellung wurde Karl IV. spanischer König und verließ Neapel. Bei der Abreise nahm er jedoch alle Einrichtungen seiner Manufaktur mit nach Madrid, um dort weiter der Porzellanlust frönen zu können.

ein weiterer Höhepunkt des Museums. Drei Säle in der *Sezione Topografica* zeigen Funde aus Cuma und Pythecusa. Im rechten Flügel bietet die *Collezione Affreschi* eine einzigartige **Sammlung antiker Wandgemälde** aus einer Villa in Boscoreale – die berühmten rotgrundierten Szenen, eindrucksvolle Beispiele der für den 2. pompejanischen Stil [s. S. 97] charakteristischen Scheinarchitekturmalereien.

Die Abteilung *Tempio d'Iside* präsentiert Malereien aus dem gleichnamigen Tempel in Pompeji sowie Plastiken, Silberwaren, Keramiken, Gläser, Waffen und Gladiatorenausrüstungen, die in den ›toten Städten‹ gefunden wurden.

Vom Nationalmuseum führen die Via S. Teresa degli Scalzi und der Corso Amadeo di Savoia leicht bergan zum Hügel von Capodimonte. Links, über die Via di Capodimonte, kommt man zu den **Catacombe di San Gennaro** 29. Im Rahmen von Führungen (nur für Gruppen, vormittags nach VereinbarungTel. 08 17 41 10 71) kann man die unterirdischen Gänge auf zwei Ebenen erkunden. In der *frühchristlichen Grabstätte* aus dem 2. Jh. mit bemerkenswerten Wandfresken lag einst auch der Stadtheilige *San Gennaro* begraben.

Eine Treppe führt aus der Via di Capodimonte zum **Palazzo di Capodimonte** 30. Jagd war die größte Passion Karls III. von Bourbon, die *Farnese-Sammlungen* von Parma allerdings fielen ihm auf dem Erbweg zu. Um beides zu vereinen, wurde aus dem geplanten Jagdschlösschen auf dem grünen Hügel ein repräsentativer *Palazzo Reale*, übervoll mit großer Kunst. Seit 1957 wird das

TOP TIPP

Gebäude als **Museo e Gallerie Nazionali di Capodimonte** (Di–So, Fei 8.30–19.30 Uhr, Tel. 08 17 49 91 11, www.musis.it) geführt. Teile der Farnese-Sammlungen sind mittlerweile ins Museo Archeologico Nazionale übersiedelt, aber der Bestand der Nationalgalerie zählt noch immer zu den bedeutendsten seiner Art in Europa. Kernstück des Museums ist die berühmte **Gemäldegalerie** mit einer überaus eindrucksvollen Präsentation von Werken des 14.–18. Jh. Herausragend Tizians Porträts (Philipp II., Karl V., Papst Paul III. etc.) und seine ›Danae‹, der ›Blindensturz‹ von Pieter Bruegel, das ›Bildnis des Kardinals Farnese‹ von Raffael, die ›Kreuzigung‹ von Masaccio sowie *Zeichnungen* u. a. von Raffael, Michelangelo und Tintoretto.

Herrlich ist der weitläufige **Parco di Capodimonte**. Auf einer Fläche von 125 ha wurde hier Natur komponiert wie ein Bild: Alleen, Baumgruppen und Wäldchen, einheimische und exotische Gewächse finden sich neben großzügigen Rasenflächen.

In der ehem., einst sehr berühmten **Real Fabbrica delle Porcellane** (Königliche Porzellanmanufaktur) im Park ist heute ein Fachinstitut für Keramik und Porzellan untergebracht.

Vom Castel dell' Ovo zum Posillipo

TOP TIPP

Was für ein Platz! Die kleine Tuffsteinhalbinsel und das **Castel dell' Ovo** 31 am äußersten südlichen Ausläufer des Pizzofalcone-Hügels haben eine lange *Geschichte*: Entdeckt wurden die Vorzüge des Ortes von den Griechen, dann diente er Lucullus als Bauplatz, Mönchen als *Retiro*, den Staufern als Kerker, Anjou und Aragonier flüchteten sich hierher in ihr Schloss, die Vize-

Freizeitfreuden vor wahrhaft herrschaftlicher Kulisse: der Parco di Capodimonte

könige und Bourbonen errichteten eine wehrhafte Festung – und schließlich wurde ein modernes Kongresszentrum eingerichtet. Das Kastell ist durch eine *Mole* mit dem Festland verbunden: Der **Borgo Marinaro** wurde durch Aufschüttung gewonnen. Fischer wohnen in den alten Häusern, beliebte Restaurants halten die Logenplätze besetzt.

Die Via Partenope geht in die Via Caracciolo am Ufer des eleganten Chiaia-Viertels über. Sie führt an der **Villa Comunale** 32 entlang – dem grünen Stadtpark, in dem sich auch das **Aquario** 33 (Di–So 15–18 Uhr, 08 17 61 11 31) mit allen Fischarten der Golfgewässer befindet – nach **Mergellina**. Der Charme dieses beschaulichen *Fischerdorfes* liegt im Einfallsreichtum seiner Meeresfrüchteverkäufer, die am Jachthafen ihre Fänge lautstark feilbieten. Selbst der ›Teufel von Mergellina‹ ist harmlos, so heißt nur Leonardo da Pistoias Gemälde in der kleinen **Chiesa S. Maria del Parto** 34. Das Bild, auf dem sich ein Mann mit den Zügen des Kardinals Carafa gegen die Versuchung durch einen weiblichen Dämon wehrt, passt gut in eine Kirche, wäre im **Palazzo di Donn'Anna** 35 hingegen eher fehl am Platze. Der luxuriöse Palast an der Via Posillipo war ein Geschenk des Spanischen Vizekönigs an seine Geliebte und spätere Vizekönigin Anna di Carafa.

Die Via Posillipo umrundet das **Capo Posillipo** 36. Lohnend ist ein Abstecher über die Via Marechiaro zum Fischerdorf **Marechiaro** 37 mit seinen stimmungsvollen kleinen Restaurants.

Die Hauptstraße führt weiter zur **Isola di Nisida** 38, auf der Cäsars Mörder, Marcus Brutus, eine wunderschöne Villa besaß. Die kleine Bucht Porto Paone, an einem erloschenen Vulkan gelegen, ist ein stiller, schöner Flecken am Golf. Weiter nordöstlich, in Bagnoli, wurde 2001 die

Das älteste Aquarium der Welt

Der Stettiner Naturforscher **Anton Dohrn** (1840–1909) richtete in den Jahren 1872–74 Neapels Aquarium und das Meeresbiologische Forschungsinstitut in der weitläufigen Grünanlage Villa Comunale [s. o.] im Chiaia-Viertel ein. Über 200 Arten der Meeresfauna und -flora aus den Gewässern des **Golfs von Neapel** sind in diesem seither nahezu unveränderten Aquarium vertreten. Bezaubernd Schönes und erschreckend Hässliches, erstaunlich Farbenprächtiges und überraschend Skurriles lebt hier auf einer Fläche von etwa 520 m^2 dicht nebeneinander.

Man blickt in die Tiefe des Meeres, das sich, von Neapel aus gesehen, dem Auge eher verschmutzt und unwirtlich darbietet. Die veränderten **Umweltbedingungen** wären heute ein weites wissenschaftliches Feld für Anton Dohrn, dessen meeresbiologische Studien als Vorstufe zur modernen Verhaltensforschung gelten.

In den Becken des Aquario ist die Unterwasserwelt des Golfs noch in Ordnung

La BERSAGLIERA

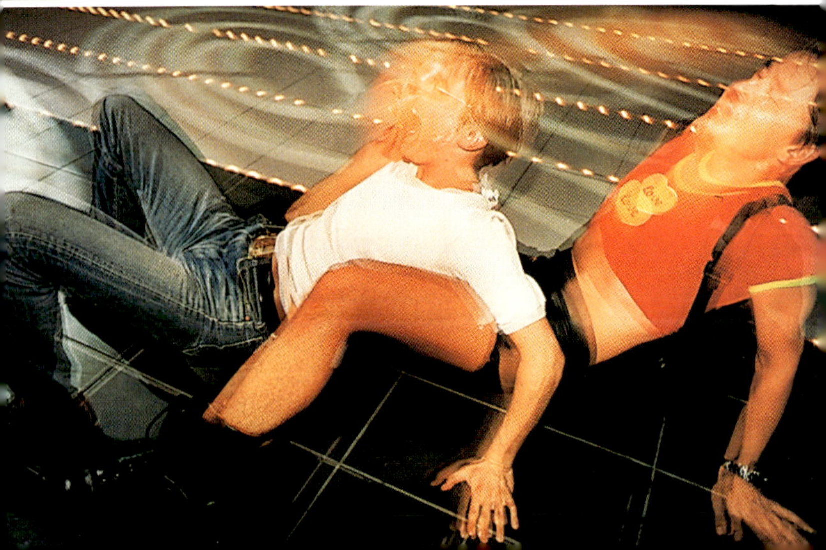

Città della Scienza 39 (Via Coroglio 104, Di–Sa 9–17, So 10–19, 26. Juni–10. Aug. Di–So 18–24 Uhr, Tel. 08 13 72 37 28, www.cittadellascienza.it) eröffnet. In Fabrikhallen des 19. Jh. beheimatet, bereitet das ultramoderne, erlebnisorientierte Wissenschafts- und Technologiemuseum mit Planetarium, Laboratorien, Kindermuseum, interaktiven und virtuellen Dokumentationen sowie Wechselausstellungen zu Wissenschaft, Forschung und neuen Technologien eine Fülle an Informationen aus.

i Praktische Hinweise

Information: EPT, Piazza dei Martiri 58, Napoli, Tel. 08 14 10 72 11, Fax 0 81 40 19 61; AACST, Palazzo Reale, Piazza del Plebiscito, Napoli, Tel. 0 81 40 23 94, Fax 0 81 41 86 19, www.inaples.it (Infos zur *campania artecard*, die verbilligten Eintritt in Museen und Freifahrten mit öffentlichen Verkehrsmitteln bietet, s. S. 131.)

Öffentliche Verkehrsmittel

Es gibt zwei **U-Bahn-Strecken**: Die Metronapoli Linea 1 führt von der Piazza Dante nach Piniscola (trifft bei der Station Museo auf die Linea 2). Die Linea 2 führt von der Station Gianturco nach Mergellina und weiter über Campi Flegrei und Bagnoli nach Pozzuoli.

Drei **Seilbahnen** verbinden die Innenstadt mit dem erhöht gelegenen Vomero-Viertel. Die Linea Centrale startet in der Via Toledo, die Linea Chiaia in der Via del Parco Margherita, die Linea Montesanto an der Piazza Montesanto.

Die für Touristen wichtigsten **Busse** zu den Hauptsehenswürdigkeiten starten an der Stazione Centrale.

Hotels

TOP TIPP *******Vesuvio**, Via Partenope 45, Neapel, Tel. 08 17 64 00 44, Fax 0817 64 44 83, www.vesuvio.it. Carusos Lieblingshotel nahe Castel dell' Ovo. Nobles Ambiente, bezauberndes Restaurant ›Caruso Roof Garden‹.

******Excelsior**, Via Partenope 48, Neapel, Tel. 08 17 64 01 11, Fax 08 17 64 97 43, www.excelsior.it. Gepflegtes Luxushotel (80 Zi.) in herrlicher Lage mit Blick auf den Golf.

******Majestic**, Largo Vasto a Chiaia 68, Neapel, Tel. 0 81 41 65 00, Fax 0 81 41 01 45, www.majestic.it. Gute Adresse für alle, die Shopping im eleganten Chiaia-Viertel lieben.

******Villa Capodimonte**, Via Moiariello 66, Neapel, Tel. 0 81 45 90 00, Fax 0 81 29 93 44, www.villacapodimonte.it. Ruhiges Hotel mit Park in den Hügeln von Capodimonte.

*****Executive**, Via del Cerriglio 10, Neapel , Tel./Fax 08 15 52 06 11, http://executive.hotel-napoli.it. Angenehmes kleines Hotel in einem uralten Kloster in der Nähe des Centro Storico.

*****Rex**, Via Palepoli 12, Neapel, Tel. 08 17 64 93 89, Fax 08 17 64 92 27, www.hotel-rex.it. Gut geführtes, modernes Haus im Viertel S. Lucia.

Restaurants

A Fenestella, Via Marechiaro 23, Neapel, Tel. 08 17 69 00 20. Gediegenes Ausflugslokal am Capo Basilico mit Sommerterrasse über dem Meer (im Juli/Aug. So, Winter Mi geschl.).

TOP TIPP **La Bersagliera**, Borgo Marinari 10/11, Neapel, Tel. 08 17 64 60 16. Unvergleichliches Szenario am Jachthafen S. Lucia. Neapolitanische Küche, köstliche Fische und Meeresfrüchte. (Di geschl.)

La Cantinella, Via Nazario Sauro 23, Neapel, Tel. 08 17 64 86 84. Elegantes Ambiente, hochgelobte Küche an der Uferpromende im Viertel S.Lucia (Juni–Okt. So geschl.)

La Chitarra, Rampe San Giovanni Maggiore 1, Neapel, Tel. 08 15 52 91 03. Originelles Lokal des neapolitanischen Sängers Luigi Maiorano (So, Mo abend, Sa mittag geschl.).

La Sacrestia, Via Orazio 116, Neapel, Tel. 08 17 61 10 51. Herrliche Gartenterrasse, elegantes 2-Etagen-Lokal mit kreativer Küche (Di geschl.).

Pizzerie

Brandi, Salita Sant'Anna di Palazzo 1, Neapel, Tel. 0 81 41 69 28. Viele Arten von Pizza mit erstaunlichen Belägen.

Da Michele, Via Sersale 1, Neapel, Tel. 08 15 53 92 04. Hier stehen auch Neapolitaner Schlange für Pizza Margherita und Pizza Marinara (So geschl.).

◁ *Was einem in Neapel so alles ins Netz geht: frischer Fisch für das Restaurant La Bersagliera* **(Mitte)**, *Paare zwischen Tanzrausch und Romantik* **(oben, unten)**

Von Neapel bis Cuma – im Banne der ›brennenden Felder‹

Das ewige Spiel vulkanischer Aktivitäten ließ in den ›brennenden Feldern‹, den **Campi Flegrei** im Umland von Pozzuoli, eine zwischen Meer und sanften Anhöhen sich ständig **verändernde Landschaft** entstehen. Blubbernde Schlammtümpel wechseln mit grünen, nach Rosmarin und Thymian duftenden Hügeln, lebhafte Orte mit markanten Tuffsteinfelsen. **Römische Imperatoren** und die Hautevolee einer dekadenten Ära stritten sich hier in den ersten beiden nachchristlichen Jahrhunderten um die besten Lagen für luxuriöse **Sommersitze**. An der Strada Costiera von Neapel nach Cuma reihen sich die Orte einstiger Größe wie Pozzuoli, Baia, Bacoli und Miseno aneinander.

2 Pozzuoli

Plan Seite 39

An den halbversunkenen Säulen des Tempio di Serapide lässt sich der ›Fieberstand‹ im Erdinneren ablesen.

Vom Capo di Posillipo bis zum Capo Miseno erstreckt sich der **Golfo di Pozzuoli**, eine weite Nebenbucht des Golfo di Napoli. Das Einzigartige, Erstaunliche und Tragische an Pozzuoli ist, dass die immer wieder von Erdbeben geplagte und von Evakuierungen bedrohte **Hafenstadt** über der in Aufruhr geratenen Magmakammer eines lange erloschen geglaubten Vulkans steht. Ungeachtet dessen ist der Hauptort der **Campi Flegrei** ein lebhafter, manchmal chaotischer Handels- und Industrieplatz.

Geschichte Pozzuoli, 528 v. Chr. von Flüchtlingen aus Samos als *Dikaiarchia*, ›Stadt der Gerechtigkeit‹, gegründet, war anfangs von Cuma abhängig und unterlag 421 v. Chr. den Kampaniern und 338 v. Chr. schließlich den Römern. Die neuen Herren wussten die *Lage* der Siedlung zu schätzen, erhoben den ersten Hafen des Imperiums 194 v. Chr. als Puteoli, ›kleiner Brunnen‹, zur Kolonie und zum *Zentrum des Orienthandels*. Mit dem Bau des Hafens von Ostia im 2. Jh. n. Chr. verlor die einst so blühende, weltoffene römische Stadt, in der exotische Waren und gewagte Ideen zirkuliert hatten, an Bedeutung. Der **Bradyseismos** [s. S. 43] versenkte Molen und Werften, im frühen Mittelalter verfiel Pozzuoli noch mehr. Als nach einer schrecklichen *Erdbebenserie* 1538 mit viel Getöse und Feuer ein neuer Berg, der **Monte Nuovo**, urplötzlich aus dem Boden wuchs, verließen die Bewohner ihre Häuser in Panik. Kaum einer mag es damals für möglich gehalten haben, dass aus Pozzuoli einst wieder eine lebhafte Stadt werden könnte.

Besichtigung Die malerisch gelegene Altstadt **Rione Terra** ❶ (Sa–So 9–18 Uhr) auf dem senkrecht ins Meer abfallenden Tuffhügel, Schicht für Schicht zweieinhalb Jahrtausende lang überbaut, befindet sich noch immer im Aufbaustadium. Das *schwere Erdbeben* von 1980 ließ neuerlich große Zerstörungen, leere Treppengassen und dunkle Fensterhöhlen zurück. Der Gipfel dieses **Burghügels** trug nacheinander eine griechische Akropolis, einen römischen Augustus-Tempel und eine frühchristliche Kirche, auf deren Resten nun der im 17. Jh. barockisierte **Duomo San Proculo** ❷ aus dem 11. Jh. steht. Er brannte im Jahr 1964 aus und wird zurzeit erneuert. Die Fertigstellung ist bis 2009 geplant.

Auf dem Corso della Repubblica und der Via Cavour das Gebiet der Bauarbeiten umrundend, erreicht man die malerische **Darsena** ❸, das Hafenbecken mit

◁ *Ein falscher Tritt und man findet auch nach 2000 Jahren noch den Eingang in die Unterwelt – Schwefeldämpfe steigen aus den Flanken des Vulcano Solfatara bei Pozzuoli*

Der Hafen von Pozzuoli im Banne der untergehenden Sonne

seinem lebhaften **Markt** (tgl. 8–13 Uhr) und den kleinen *Fischlokalen* am Molo, die den Fang des Tages servieren.

Die Via Roma führt zum sog. **Tempio di Serapide** 4. Bei diesem Bauwerk handelt es sich jedoch nicht um einen Tempel, sondern um die Reste eines Macellums, einer groß angelegten *römischen Markthalle* aus dem 2./3. Jh., in der die Archäologen eine Statue des Ägyptergottes Serapis fanden. Säulen und Säulenstümpfe des Tholos (Rundbau) und die drei Bohrmuschelspuren tragenden *Cippolino-Säulen* der einstigen Apsis wirken wie übergroße Fieberthermometer, die die Befindlichkeit des flüssigen Magmas im Erdinneren durch Hebungen und Senkungen erahnen lassen. Das eingezäunte, zeitweilig auch unter Wasser stehende Gelände darf nicht betreten werden und kann nur von der Straße oder von einer kleinen Caféterrasse aus betrachtet werden.

Wie eine riesengroße Muschel liegt das **Anfiteatro Neroniano-Flavio** 5 aus dem 1. Jh. n. Chr. in der Oberstadt (Via Terracciano, tgl. 9 Uhr bis 1 Std. vor Sonnenuntergang). 30 000 Kampanier und Römer verlangten im **drittgrößten Amphitheater Italiens** nach Nervenkitzel. Das ist blutige, ferne Vergangenheit: Die Ruine, bis auf Reste längst ihrer Arkadengeschosse entblößt, erfüllt den Betrachter nur mehr mit Bewunderung für den Architekten. Eine Meisterleistung römischer Baukunst stellen die gigantischen **unterirdischen Gewölbe** dar, die mit ihren Requisitenkammern, Käfigen und Falltüren die perfiden Ideen der *Venationes* (Kämpfe zwischen Mensch und Tier) auch heute noch spüren lassen. *San Gennaro*, Bischof von Benevent [s. S. 27], allerdings krümmten die auf wunderbare Weise in Schmusekatzen verwandelten Bestien kein Haar. Kaiser Diokletian, dem Erneuerer des antiken Jupiterkults, blieb nichts anderes übrig, als den späteren *Schutzpatron von Neapel* in der Nähe der Solfatara enthaupten zu lassen. Der Stein, auf dem sein Kopf lag, wird in der 1580 errichteten **Chiesa San Gennaro** 6 (Via S. Gennaro Agnano, tgl. 8–12 und 16–19 Uhr) in einer Ädikula gezeigt. Pünktlich jeden 1. Samstag im Mai und am 19. September soll das Blut auf dem fleckigen Stein hellrot leuchten.

Lohnend ist ein Abstecher über die nahe gelegene Via Solfatara zum **Vulcano Solfatara**. Die ›Schwefelgrube‹, der

Die Beschaulichkeit der Ruinen, nachdem Blut, Schweiß und Tränen längst versickert sind – Blick in die Gewölbe des Anfiteatro Neroniano-Flavio

bekannteste Krater der Campi Flegrei (Via Solfatara 161, tgl. 9 Uhr bis 1 Std. vor Sonnenuntergang), dessen letzter Ausbruch vermutlich im Jahre 1198 stattfand, zeigt vielfältige Zeichen postvulkanischer Aktivität. Ein Rundweg führt an einer alten Heilwasserquelle, *Il Vecchio Pozzo*, vorbei nach *La Fangaia*, wo der Schlamm bei 140° C kocht, zur *Fumerola Bocca Grande*, die den Schwefeldampf am heftigsten verströmt, zu den beiden Saunagrotten *Le Stufe* und zurück zum Eingang. Hier Nebenwege zu gehen wäre lebensbedrohend!

Ein weiterer Ausflug führt über das freundliche Thermalbad Agnano Terme zum **Cratere degli Astroni** (Via Astroni, tgl. 9.30–114 Uhr, Tel. 08 15 88 37 20). Üppig wachsen Steineichen, Kastanien, Ulmen und Palmen im Inneren des Ringkraters, dessen *Landschaftsschutzgebiet* auch einen kleinen See umfasst.

Die Küstenstraße von Pozzuoli nach Westen führt am **Monte Nuovo** entlang. Während die Conquistadoren gerade die Neue Welt eroberten, wurde in den Campi Flegrei am 29. September 1538 *Europas jüngster Berg* geboren. Nach acht Tagen war der neue Vulkan 140 m hoch. Sein eigenartiges Profil und der grüne Pinienmantel lassen längst Gewalt und Schrecken der ungeheuren Eruption vergessen, die weite Teile der umliegenden Landschaft und der nahen Seen *Lago d'Averno* und *Lago di Lucrino* verschüttete. Dieses Naturschutzgebiet der *Oasi Naturalistica di Monte Nuovo* (Via Vigilio, tgl. 9 Uhr bis 1 Std. vor Sonnenuntergang) kann ebenfalls erwandert werden.

Für den Dichter Vergil befand sich der Eingang zum *Hades* im **Lago d'Averno**. Feldherr Marcus V. Agrippa, weniger poetisch als realitätsbezogen, ließ die heilige Stätte der Unterweltgötter 37 v. Chr. von seinem Starbaumeister Lucius Cocceius in einen wehrhaften **Binnenhafen** umwandeln, dessen schiffbare Kanal- und Tunnelanlagen wie die Arme eines Kraken zum Lago di Lucrino und bis Cuma ausgriffen. Der gigantische **Portus Iulius** und seine Werft für die Flotte von Misenum sind längst im Meer versunken. Von *Glasbodenbooten* aus, die am Wochenende (Mitte Juni–Mitte Sept. auch Fr) im Hafen von Baia starten, kann man bei ruhiger See die *Strutture Sommerse del Por-*

Dieser See avancierte vom Eingang zur Unterwelt zum Freizeitparadies – auf dem Lago d'Averno würde Charon heute Motorboot fahren

to Giulio am Meeresboden ausmachen. Heute erfreut der in Grün gebettete Lago d'Averno als *Freizeitidylle* die Motorbootfans von Neapel.

Praktische Hinweise

Information: AACST, Via Campi Flegrei 3, Pozzuoli, Tel. 08 15 26 50 68, Fax 0815 2614 81, wwwcomune.pozzuoli.na.it.

Hafen: tgl. Schiffsverbindungen nach Procida und Ischia.

Hotels

*****Complesso Turistico Averno**, Club Hotel Damiani, Arco Felice, Lago d'Averno, SS Domitiana, km 55, Tel. 08 18 04 26 66, Fax 08 18 04 25 70, www.averno.it. Landhotel an den Hängen des Monte Nuovo mit Restaurant, Tennisplätzen, Pools, Go-Cart-Bahn und Reitmöglichkeit.

*****S. Marta**, Via Licola Patria 28, Pozzuoli, Tel. 08 18 04 24 04, Fax 08 18 04 24 06, www.santamartahotel.com. Modernes Hotel mit Bar und Restaurant.

*****Solfatara**, Via Solfatara 163, Pozzuoli, Tel. 08 15 26 26 66, Fax 08 15 26 33 65, www.hotelsolfatara.it. Gut eingerichtetes Haus, das den Schwefelgeruch des nahen Vulkankraters aber nicht ganz aussperren kann.

Wie vom eigenen Spiegelbild verzaubert – antike Statuen im Museo Archeologico dei Campi Flegrei

***__Villa Verde__, Arco Felice, Lago d'Averno, Tel. 08 18 66 13 42, Fax 08 18 04 22 92, www.hotelvillaverde.net. Hübsches Haus mit See- und Meerblick.

Camping

***__Vulcano Solfatara__,Via Solfatara 161, Pozzuoli, Tel. 08 15 26 74 13, Fax 08 15 26 34 82, www.solfatara.it. Guter, schattiger Platz mit eigenem Schwimmbad.

Restaurants

Castello dei Barbari, Via Fascione 6, Pozzuoli, Tel. 08 15 26 79 16. 1,6 km außerhalb. Herrliche Terrasse mit Aussicht auf den Golf.

Da Luigi, Via Marino Boffa 4, Pozzuoli, Tel. 08 15 26 40 49. Vorzügliche Fischspezialitäten und delikate Garnelen vom Grill.

La Ninfea, Via Italia 1, Arco Felice, Lago di Lucrino, Tel. 08 18 66 13 26. Internationale Küche und Köstlichkeiten aus dem Meer.

Trattoria Ludovico, Via Fasano 6, Pozzuoli, Tel. 08 15 26 82 55. Nah am Hafen. Spezialitäten: Risotto mit Meeresfrüchten und Linguine mit Langusten (So abend, Mo geschl.).

3 Baia

An der zauberhaften Bucht verbrachte Kaiser Nero seine Ferien.

Viel zu groß und viel zu schwer liegt das gewaltige, vieleckige *Castello di Baia* auf einem von Höhlen durchzogenen Tuffsteinhügel über dem heutigen **Fischerdorf**. Im Jahre 1490, in aragonesischer Zeit, erbaut und unter Vizekönig Don Pedro di Toledo zur wehrhaften Festung erweitert, passt der klobige Bau nicht so recht ins Flair des einst so exklusiven römischen *Baiae*.

Das terrassenförmig angelegte **Modebad der Kaiserzeit**, wunderschön, glanzvoll und lasterhaft, wurde wie besessen überbaut. Als der Grund nicht mehr ausreichte, ließ man künstliche Molen und Klippen im Meer aufschütten, stellte **Villen** darauf, eine prächtiger als die andere, mit ihren Eingangstreppen beinahe in der Brandung. Der *Cäsarenpa-*

last stand in Vorzugslage am Fuß des Bäderhügels. *Vulkanausbrüche* und *Erdbeben* führten dazu, dass die ursprüngliche Küstenlinie bis 10 m unter den Meeresspiegel absank. Baiae wurde in Wasser, Schlick und Sand begraben.

Was nicht vom Meer verschlungen wurde, ist im **Parco Archeologico Terme Romane di Baia** (Via Fusaro 35, Mai–Sept. Di–So 9–19 Uhr, Okt.–April Di–So 9 Uhr bis 1 Std. vor Sonnenuntergang) zu sehen. Die Reste der prunkvollsten *Badeanlage* der Antike staffeln sich heute eher bescheiden und von dichtem Grün überwuchert hügelan.

TOP TIPP Die Exponate im 1993 eingerichteten **Museo Archeologico dei Campi Flegrei** (Di–So 9–19 Uhr, Tel. 08 15 23 37 97) im Castello di Baia sind griechischen und römischen Ursprungs. Einer der Höhepunkte ist die Rekonstruktion des mittlerweile unter dem Meeresspiegel befindlichen Nymphäums. Gezeigt werden zudem Tempelreste aus dem Sacellum der Augustalen in Miseno, das bronzene Reiterstandbild von Domitian-Nerva,verschiedene Gipsabgüsse griechischer Skulpturen und vor der Küste von Baia gefundene Statuen. Eine Erweiterung des Museums sei realistisch, heißt es, denn das Meer berge zwischen dem Strand von Lucrino und dem Capo Miseno, vor allem im Bereich der Punta Epitaffio, auf seinem Grund eine Art zweites Pompeji.

i Praktische Hinweise

Information: Pro Loco Baia, Via Monkey, Baia. Telefonische Auskünfte: siehe Bacoli.

Hotel

*****Sorriso**, Via Miliscola 31, Baia, Tel. 08 15 23 14 69, Fax 08 15 23 16 28. Haus mit Standardkomfort und Restaurant.

Restaurant

Dal Tedesco, Via Temporini 12, Baia, Tel. 08 18 68 71 75. Das Restaurant bietet neapolitanische Gerichte und von der Terrasse einen herrlichen Blick über den Golf (Di geschl.). Auch Zimmer.

4 Bacoli

Ein Dom? Nein, eine Glanzleistung römischer Wasserbaukunst.

Bacoli hat zwei Gesichter: das alte, zerfurchte mit engen Gassen und vielen Torbögen im Ortsteil auf dem Vorgebirge und das moderne am Ufer des *Lago di Miseno*. Die Attraktionen übersieht man leicht: Für Neugierige und Kenner werden Schlüssel bereitgehalten. Pförtner öffnen dem Besucher die **Tomba di Agrippina**, einen altersmüden Flachbau in Strandnähe. Dabei handelt es sich allerdings keineswegs um das Grab der

Auch die Aussicht ist legendär – Odysseus' Reisegefährte, der hier begraben liegen soll, gab dem Capo Miseno den Namen

Wenn die Erde im Fieber liegt, steigen auch die Thermometer sichtbar an – die Cippolino-Säulen des Tempio di Serapide in Pozzuoli

Allzu heftig atmet die Erde

An der Küste bei Baia erholten sich **Roms Kaiser** von den Regierungsgeschäften, hier frönten sie ihrer Verschwendungssucht, inszenierten sie ihre Intrigen, hier planten sie Kriege und befriedigten ihre Gier nach immer abstruseren Exzessen. Nun liegen die **Schauplätze sagenumwobenen Lasterlebens** am Meeresgrund. Paläste, Villen, Kriegshäfen und Thermen fielen einer geophysikalischen Erscheinung zum Opfer: Die Küste am Golfo di Pozzuoli wird immer wieder von bradyseismischen Bewegungen in Mitleidenschaft gezogen, unregelmäßigen Landhebungen und -senkungen.

Der **Bradyseismos** bringt niemals die abrupten Erschütterungen eines Erdbebens mit sich: Die Bewegung der Erdoberfläche unter seinem Einfluss gleicht eher einem Ein- und Ausatmen. Relativ große **Magmakammern** im Erdinneren wurden von den Vulkanologen als Grund für die bradyseismischen Erscheinungen ausgemacht. Die bisher spektakulärste Bewegung wurde im Jahre 1538 beobachtet, als die Küstenlinie um ganze 6 m angehoben und anschließend der **Monte Nuovo** [s. S. 39] geboren wurde. Gleichsam ermattet von den Geburtswehen, sank sie anschließend wieder um insgesamt 4 m ab. Die kontinuierliche Sinkbewegung, die sich bis auf ein jährliches Niveau von 12 mm verlangsamt hatte, schlug dann im Jahr 1970 plötzlich ins Gegenteil um. In den frühen 80er-Jahren erreichte die erneute Hebung mit 3 m schließlich ihren Höchststand. Zum Glück räumte man damals das am stärksten betroffene Gebiet – den Stadtteil **Rione Terra** in Pozzuoli – rechtzeitig, denn unmittelbar danach setzten in dieser Gegend auch noch schwere Erdbeben ein. Im Augenblick senkt sich der Boden gerade wieder. Mit bloßem Auge kann man die Veränderungen an den Cippolino-Säulen des **Tempio di Serapide** in **Pozzuoli** ablesen [s. S. 38].

55 n. Chr. auf Veranlassung ihres Sohnes Nero Ermordeten, sondern um ein kleines **Theater** aus augusteischer Zeit.

Auch die Gänge im Zisternensystem der *Cento Camerelle* kann man sich aufsperren lassen und die **Piscina Mirabile** (tgl. 9 Uhr bis 1 Std. vor Sonnenuntergang) besuchen. Hier, am Ausgang des Golfs, horteten die Römer das Trinkwasser für ihre Flotte. 72 km weit floss es von den Hirpiner Bergen bis in diese ›wunderbare Zisterne‹, die 12 600 m^3 Wasser fassen konnte. Mit seinen 48 gewaltigen Säulen und den schmalen Wölbungen ähnelt der riesige *Wasserspeicher*, besonders, wenn das Sonnenlicht gebündelt einfällt, einem verborgenen Dom.

Die Straße streift nun den **Lago di Miseno**, der in der Antike Mare Morto (Totes Meer) genannt wurde, mit dem alten augusteischen **Hafen**, in dem einst die wichtigste Flotte des Imperiums, die *Classis Praetoria Misenatis*, vor Anker lag, und endet beim kleinen Ort Miseno.

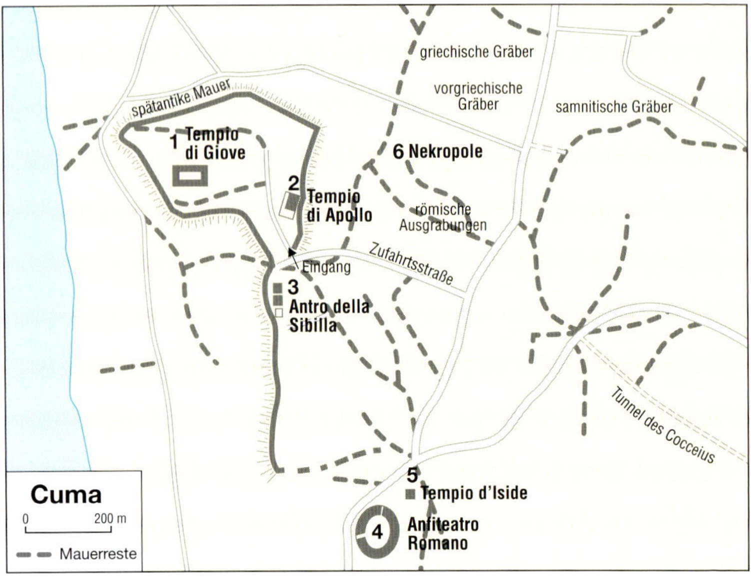

TOP TIPP Das eigentliche **Capo Miseno** entdeckt man zu Fuß. Weitausgreifend und kühn beschließt es den Golfo di Pozzuoli als 167 m hohes Vorgebirge, das sich in der nahen Isola di Procida fortsetzt. Homers *Misenus*, Reisegefährte des Odysseus, fand hier sein legendäres Grab.

Das **Panorama** des Golfes gleicht an diesem Ort einem riesigen Fächer, wunderschön und doch tödliche Gefahren verbergend, wie die Geschichte gezeigt hat: 79 n. Chr. beobachtete von hier aus Plinius d. Ä. den entsetzlichen, alles vernichtenden *Ausbruch des Vesuv*. Aus Sorge um seine Freunde in Pompeji brach er auf, um Hilfe zu bringen, fuhr dabei aber selbst ins Verderben.

Geschützt im Windschatten des Capo Miseno liegt schließlich die schöne *Spiaggia Miliscola*.

i Praktische Hinweise

Information: Comune di Bacoli, Casa Comunale, Via Lungolago 4, Bacoli, Tel 08 18 55 32 39, Fax 08 18 55 32 67, www.comune.bacoli.na.it

Hotel

*****Club Cala Moresca**, Via del Faro 44, Bacoli, Tel. 08 15 23 55 95, Fax 08 15 23 55 57, www.calamoresca.it. Modernes Haus (27 Zi.) mit Restaurant, Swimmingpool, Garten und wunderschöner Aussicht.

Restaurants

La Dragonara, Via Dragonara 24, Bacoli, Tel. 08 15 23 16 07. Hier serviert man köstliche Pasta und frische Meeresfrüchte.

La Misenetta, Via Lungolago 2, Bacoli, Tel. 08 15 23 41 69. Gepflegtes Restaurant mit weitum gerühmter Küche.

5 Cuma

Die älteste Griechensiedlung auf dem italienischen Festland.

Die Küstenstraße verläuft zwischen dem Meer und dem wegen seiner Weine berühmten Monte di Procida. Fast durchsichtig erscheint der flache **Lago del Fusaro**. Auf einer winzigen, durch eine Brücke mit dem Land verbundenen Insel steht hier das von Carlo Vanvitelli für Ferdinand IV. erbaute Jagdschlösschen *Casina Vanvitelliana*. Im Norden liegt Cuma, das griechische *Kyme*, das *Cumae* der Römerzeit. Die erste Griechensiedlung in Italien, nördlichste der Magna Graecia, wurde 750 v. Chr. von Auswanderern aus Chalkis gegründet. Von hier aus verbreitete sich griechische Kultur entlang der Küste Kampaniens.

Von der Griechenstadt sind, gemessen an ihrer einstigen Bedeutung, nur wenige Zeugnisse erhalten geblieben. Auf

TOP TIPP dem Plateau des steilen Tufffelsens Monte di Cuma liegen im **Parco Archeologico di Cuma** (Via Licola, tgl. 9 Uhr bis 1 Std. vor Sonnenuntergang) die Reste des antiken Cumae. Romantisch wie ein schöner Rastplatz wirkt die *Akropolis* heute. Vom **Tempio di Giove [1]** aus dem 5. Jh. v. Chr. ist neben zwei mächtigen Bögen nur mehr wenig Gemauertes – und das nur in Umrissen – zu erkennen. Der *Wechsel der Religionen* hat den Tempel in Mitleidenschaft gezogen. Hier wurden hoch über dem Meer die Götter der Griechen gegen die der Römer und beider Götter gegen den christlichen Gott eingetauscht. Auf den Grundmauern des Jupitertempels hat man eine *frühchristliche Basilika* errichtet.

Auch vom **Tempio di Apollo [2]** auf der unteren Terrasse, den Vergil in seiner ›Aeneis‹ erwähnt, ist nur noch die Grundfläche auszumachen.

Von besonderem Reiz ist jedoch der **Antro della Sibilla [3]** am Fuß der Akropolis. Am Ende eines 131,50 m langen und 2,40 m breiten, trapezförmigen, in Tuffstein gehauenen Ganges soll, so will es der Mythos, in einem von Lichtschächten erhellten Raum die berühmte **Sibylle von Cumae** ihre Orakelsprüche verkündet haben. Vergil zufolge erfuhr hier der trojanische Held **Aeneas** vom nahen Ende seiner Irrfahrten. Die sagenhafte Priesterin Apollons gilt als Autorin jener *Sibyllinischen Bücher*, die später im römischen Tempel des Jupiter Capitolinus verwahrt und in nationalen Notlagen befragt wurden, ehe sie 83 v. Chr. verbrannten. Forscher halten die Grotte der Sibylle allerdings, bar jeder Romantik und unbeeindruckt von magischen Lichtspiegelungen, für eine raffiniert geplante *Verteidigungsanlage*, die den Hafen schützen sollte.

Ausgrabungen in der *Unterstadt* brachten das **Anfiteatro Romano [4]** aus dem 2. Jh. v. Chr. und den **Tempio d'Iside [5]** zutage, dessen Götterstatuen im 3. Jh. n. Chr. von Christen zerstört worden waren. Die Archäologen sind immer noch an der Arbeit. Die Funde aus der großen **Nekropole [6]** mit griechischen, vorgriechischen und samnitischen Gräbern wurden in der Sezione Topografica [s. S. 32] des Museo Archeologico Nazionale in Neapel untergebracht.

Praktische Hinweise

Information: Antro della Sibilla, Cuma, Tel. 08 18 54 30 60

Wenn ihr das einer vorausgesagt hätte – die Akropolis von Cuma mit dem berühmten Antro della Sibilla liegt längst in Trümmern

Procida und Vivara – Inseln aus der Schmiede des Hephaistos

Naturerlebnisse der besonderen Art bieten Procida und Vivara, die beiden kleinen, durch eine Brücke miteinander verbundenen Inseln zwischen dem Festland und Ischia. *Aliscafi* (Tragflügelboote) und *Traghetti* (Fähren) verbinden Neapel und Pozzuoli mit den malerischen Felsen in der Meeresbrandung. Erst beim Näherkommen werden die Konturen der im tiefen Blau schwimmenden Inseln unregelmäßig, zerbrechen sie in schrundige Abgründe, kleine, verträumte Buchten, bizarre Klippen und Schwindel erregende Gesteinsformationen, auf engstem Raum zusammengedrängte Ortschaften mit jahrhundertealter Geschichte.

6 Procida

Plan Seite 48

Mediterrane Architektur, hingebungsvoll gepflegtes Brauchtum und der betörende Duft von Zitronenbäumen.

Von längst versunkenen *Vulkanen* gestaltet, liegt Procida in Form einer kopflosen Echse vor der nur 1,6 Seemeilen entfernten äußersten Landzunge der Campi Flegrei. Mit den ›brennenden Feldern‹ zwar erdgeschichtlich aufs Engste verbunden, aber heute ohne jede vulkanische Aktivität, ist die Insel der fleißigen, eher reserviert erscheinenden Fischer, Wein-, Zitronen- und Olivenbauern noch immer eine *Enklave der Ruhe*. Die Fähren aus Neapel, Pozzuoli und Ischia landen in **Sancio Cattolico**. Der Inselhauptort **Procida** verbindet die eigenwillige mittelalterliche Oberstadt Terra Murata und die **Marina Sancio Cattolico** miteinander.

Geschichte Mit Sicherheit war *Prochyta* – so der ursprüngliche Inselname – schon in der Bronzezeit bewohnt, doch die Spuren der Frühgeschichte sind spärlich. Die erste größere, nachweisbar zusammenhängende Siedlung entstand ab dem 7. Jh. rund um eine **Benediktinerabtei** auf jenem strategischen Felsrücken, der heute die *Terra Murata* trägt. Spaniens Statthalter Innico d'Avalos ließ sich 1563 auf dem Festungshügel einen überdimensionalen **Burgpalast** bauen. 1734 eigneten sich die *Bourbonenkönige* den markant abweisenden Bau an und nutzten ihn fortan als Jagdschloss. Aus sicherer Höhe ließen sie das Inselvolk die Tyrannei der Eroberer schmerzhaft fühlen – so emigrierten viele Procidianer übers Meer. Sie besaßen in Sancio Cattolico eine der ältesten **Seefahrerschulen** Italiens, waren berühmte **Schiffbauer** und entkamen so der heimatlichen Misere. Die Daheimgebliebenen litten unter zunehmender Verarmung. Das Misstrauen der Einheimischen gegen Fremdes ist die Mitgift ihrer Geschichte.

Die Mauern mögen verfallen, die Aussichten sind heiter wie eh und je – Procidas Oberstadt Terra Murata

Besichtigung Der Fährhafen **Sancio Cattolico** ❶, in dem sich die Häuser so eng, so fremdartig, so bemüht sonnenfarben türmen, wirkt kunterbunt. Jahrhundertelang bestimmte die Seefahrerschule **Istituto Nautico Francesco Caracciolo** das Leben der Insel. Italiens beste Schiffbauer und Kapitäne wurden hier ausgebildet. In den steil ansteigenden Seitengassen zur Terra Murata liegen die *Casale*, alte Stadtbezirke, mit einer Prise *Orient* gewürzt.

Von der Bummelmeile gelangt man über die Via Vittorio Emanuele und die Via Principe Umberto I – am besten mit dem Mikrotaxi – in die von starken Mauern geschützte **Terra Murata** ❷. Das ›gemauerte Land‹, die in die Jahrhunderte gekommene Oberstadt, ist unübersichtlich und eng, ein malerisches Mosaik aus Zitadelle, Palast, Kloster und Wohnhäusern. Hier ist vieles konturlos, Häuserwürfel wurden über Häuserwürfel geschichtet, als ob eine

So mancher begehrliche Blick wandert über die mit Goldmünzen verzierte Decke der Abbazia di San Michele Arcangelo

Flutwelle aus Stein über den Hügel gewandert wäre und sich an den Rändern gebrochen hätte.

Der **Palazzo Reale** ❸, im 16. Jh. erbaut, hoch über dem Meer thronend, auf abschreckende Fernwirkung angelegt, ist der *älteste Königssitz* Kampaniens. Die Zitadelle wurde lange Zeit als Gefängnis genutzt und kann leider nicht besichtigt werden. Man wartet auf finanzkräftige Investoren, die sie vielleicht als Hotel zu neuem Leben erwecken.

Am höchsten Punkt der Terra Murata steht die **Abbazia di San Michele Arcangelo** ❹ (tgl. 9.45–12.45 und 15–18 Uhr, www.abbaziasanmichele.it), im 11. Jh. begonnen, im 17.–19. Jh. umgestaltet und verschönert. Eine prachtvolle, mit Golddukaten ausgelegte *Kassettendecke* und ein wertvoller *Fliesenboden* verleihen dem Innenraum der Abteikirche die noble Stimmung. Inselpatron Erzengel Michael, auf dem Decken- und einem Apsisgemälde vom neapolitanischen Barockmaler Luca Giordano 1699 dargestellt, präsentiert sich als Sieger über Luzifer und Beschützer der Insel gegen die Türken. Seine silberne, im 16. Jh. gearbeitete *Statue* wird bei den **Patronatsfesten** (8. Mai, 28. September) durch den Ort getragen. Bei der Basilika beginnt auch die berühmte, seit 1627 stattfindende **Processione del Venerdi Santo** (Karfreitagsprozession) der Turchini-Bruderschaft, einer Gruppe von einstigen Flagellanten. Der Umzug ist pompös und laut, besitzt jedoch zugleich einen ganz eigenen intimen Charakter, der sehr beeindruckt. Die mitgeführten selbst arrangierten *Misteri*, Statuengruppen, weisen

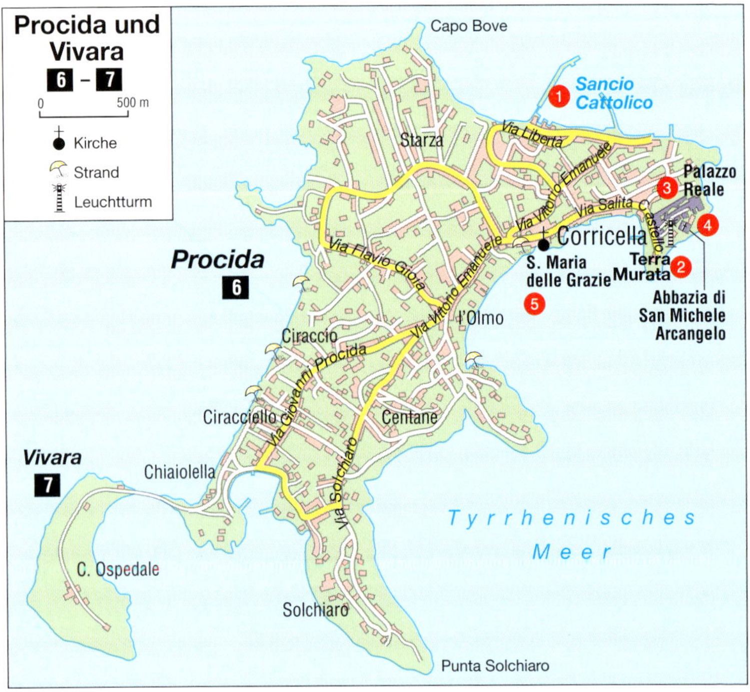

Die Boote sind heimgekehrt, die turbulenten Zeiten längst vorbei – die attraktive Terra Murata über dem Fährhafen Sancio Cattolico

in den letzten Jahren mehr und mehr zeitgenössische Bezüge auf.

Man kann in den *Untergrund* der Kirche hinabsteigen: Bibliothek, Beinhaus, Depot der Prozessionsfiguren und Verlies bilden eine seltsame Mischung.

Über die steile Via San Rocco, immer das Meer und die wunderschöne, an der Punta dei Monaci einsam gelegene Chiesa S. Margherita vor Augen, geht man nach **Corricella** hinunter.

Der schmale Ufersaum im Südwesten der Insel bot der *Fischersiedlung* wenig Raum. Wäre der gelbe, himmelblaue, reseda- oder rosafarbene Verputz der mediterranen Häuser mit Tupfern von Pompejanischrot nicht so desolat und wäre die zentrale Kirche **S. Maria delle Grazie** 5 nicht so stark beschädigt, könnte man das Ganze für einen wohldurchdachten und preisgekrönten *architektonischen Gesamtentwurf* halten.

Inseleinwärts führt die als Via Libertà in Sancio Cattolico beginnende Straße durch dichtbesiedeltes und üppig mit Weinstöcken und Olivenhainen bedecktes Land nach *San Antonio Abate*, *L'Olmo* und *Chiaiolella* mit seinem geschützten kleinen Hafenbecken. Überall wachsen die herrlich duftenden **Zitronenbäume**. Die aromatischen Früchte werden nicht zuletzt zu ›*Limoncello*‹ verarbeitet, einer berühmten Likörspezialität [s. S. 114].

Praktische Hinweise

Information: AACST, Via Roma, Procida, Tel. 08 18 10 19 68, Fax 08 18 96 09 52, www.infoischiaprocida.it

Hafen: Verbindungen per Motorschiff und Tragflügelboot ab Neapel, Molo Beverello, Fähren ab Neapel, Molo Mergellina, und Pozzuoli.Verbindungen von Sancio Cattolico nach Ischia, Casamicciola und Capri.

Hotels

*****Da Crescenzo**, Via Marina di Chiaiolella 33, Procida, Tel. 08 18 96 72 55, Fax 08 18 10 12 60, www.hotelcrescenzo.it. Kleines Hotel (10 Zi.) mit Restaurant beim Jachthafen Chiaiolella in der Nähe der Spiaggia di Ciracciello.

*****Riviera**, Via G. da Procida 36, Procida, Tel. 08 18 10 18 12, Fax 08 18 96 71 97, www.hotelrivieraprocida.it. Einfaches Hotel bei Chiaiolella mit Gartenterrasse und Meerblick (Okt.–März geschl.).

Camping

Punta Serra, Via F. Gioia, Procida, Tel. 08 18 96 95 19 (Sommer) oder 08 18 96 76 49 (Winter), Fax 08 18 10 17 42. Platz in hübscher, ruhiger Lage an der Westküste. Mäßiger Komfort (Okt.–Mai geschl.).

Das Häusergewirr von Corricella – kann man's denn überhaupt zu bunt treiben?

Restaurants

Gorgonia, Marina Corricella 50, Procida, Tel. 08 18 10 10 60. Freundliches Restaurant an der Hafenmole, Tische im Freien, Gemütlichkeit pur und jede Menge Fisch.

La Medusa, Via Roma 116, Sancio Cattolico, Procida, Tel. 08 18 96 74 81. Einfache, gute Inselküche (Di geschl.).

7 Vivara

Plan Seite 48

Naturpark und Zwischenstopp für wintermüde Zugvögel.

Von Chiaiolella aus führt ein Weg zu den grünen Abhängen der Südwestspitze der Insel. Über eine 120 m lange *Brücke*, die auch die Wasserleitung vom Festland trägt, erreicht man die Isola di Vivara. Sie ist der Rest eines urgeschichtlichen Kraters. Die einstige Jagdinsel der Bourbonen-Könige, seit einigen Jahren **Naturschutzgebiet**, ist ein Dorado für Vögel und Wildkaninchen – jener Kaninchen, die als *Coniglio alla cacciatora* auf den Speisekarten so vieler Restaurants von Procida stehen.

Pläne zur weiteren Erschließung der Insel wurden immer wieder verworfen. *Spaziergänge* von der Punta Capitello zum 100 m hohen Vivara-Gipfel rücken die ganze ursprüngliche Flora der Inselregion ins Blickfeld.

Ihn jedenfalls scheint nichts aus der Ruhe zu bringen – was er tut, hat Hand und Fuß

Ischia – wildromantische Strände und erholsame Kuren auf der Insel des Titanen Tiphoios

Vulkanische Kräfte haben Ischia geformt. Tief unter der größten der **Isole Flegrei** befindet sich ein Magmaherd – postvulkanische Phänomene erinnern heute noch an die bewegte Vergangenheit der Insel. Vom 790 m hohen, aus grünem Tuffstein bestehenden **Monte Epomeo** fällt das Gelände ab bis zum gezackten Küstensaum, zu dunklen, grobkörnigen *Stränden* und zu versteckten *Felsenbuchten*, die nur vom Meer aus erreichbar sind. Aus dem Grün der Kastanienwälder des zentralen Inselberglands schimmern gelb blühender Ginster, Erika, Erdbeerbäume und blaue Lupinen hervor.

An die *Entstehungsgeschichte* der Insel erinnern zahlreiche, bis zu 82° C heiße **Thermalquellen**, die schon Homer in seiner ›Ilias‹ erwähnte. *Fumerolen* hauchen heißen Dunst aus, am *Maronti-Strand* dampft der Sand, in der *Sorgeto-Bucht* steigt warmes Heilwasser aus dem Meer, unter Lavaströmen liegen antike und mittelalterliche Ortschaften begraben.

Die Spuren menschlichen Lebens auf der Insel – der antiken Mythologie zufolge der Fels, unter dem Zeus den Titanen Tiphoios begrub – führen ins Jahr 3500 v. Chr. zurück. Die Dokumentation der frühen Geschichte ist jedoch schwierig und lückenhaft, vieles wurde von Lavaströmen überdeckt oder versank im Meer. Die *Nekropole* der griechischen Seefahrer aus Euböa, die 770 v. Chr. auf dem Monte Vico bei *Lacco Ameno* eine Siedlung gründeten und sie **Pythecusa** nannten, hat man erst vor wenigen Jahrzehnten im Valle di San Montano und am Hang des Mezzavia-Hügels freigelegt. Vulkanismus und Erdbeben zwangen die Bewohner immer wieder zur Aufgabe der Insel, deren Name **Ischia** erstmals 813 n. Chr. erwähnt wird. Obwohl der **Bädertourismus** schon im 16. Jh. einsetzte, zwang Armut – Agrarwirtschaft war nur in bescheidenem Umfang möglich – viele Ischitaner zur *Auswanderung*. Erst mit dem Einsetzen des Kur- und Badetourismus ab 1950 kam Wohlstand auf die Insel. Die unkontrollierte Bautätigkeit war eine Folgeerscheinung.

8 Ischia Porto und Ischia Ponte

Plan Seite 52

Hafenatmosphäre, Fischerhäuser, alte Kirchen und Palazzi, moderne Hotels.

Ischia Porto und Ischia Ponte bilden zusammen die Inselhauptstadt **Ischia**.

Ischia Porto, bevorzugte Anlegestelle von Schiffen und Booten aller Art, ist ein quicklebendiger **Hafen**. Die scheinbar nur handtuchbreite Einfahrt zwischen dem in pompejanischem Rot prunkenden Leuchtturm und der ebenfalls tiefroten *Forschungsstation für Meeresbiologie* trägt die Hauptlast des erstaunlich regen Schiffsverkehrs.

Man lasse sich treiben. Entweder über die Via Bonocore in das alte Fischerviertel **San Pietro** mit seinen meerluftgeschwärzten Häusern, den Gerüchen von Fisch, Hanf und Teer, oder man folge dem Menschenstrom durch die Hauptgeschäftsstraßen Via Roma und den merklich ansteigenden, eleganteren Corso Vittoria Colonna. An seinem höchsten Punkt steht auf ovaler Grundfläche die spätbarocke **Chiesa del Purgatorio** mit ihrem majolikagedeckten Kuppeldach und der kleinen Terrasse, die sie aus dem Gewühl hebt.

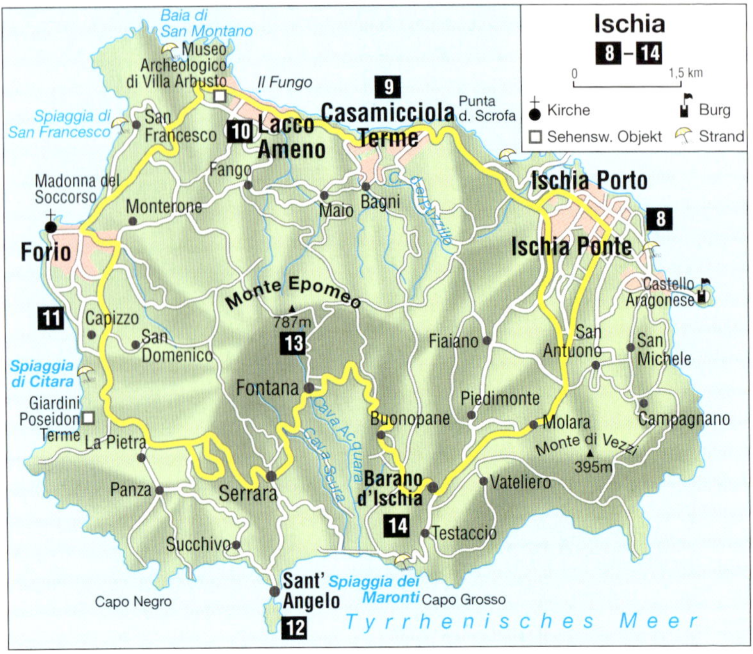

Unweit des Gotteshauses, Richtung Ischia Ponte, verbirgt die schattige **Pineta dell' Arso** die Folgen der Katastrophe von 1301, als sich ein 3 km breiter Lavastrom zum Meer hinabwälzte und eine mittelalterliche Siedlung unter sich begrub. Nun bedeckt dichter Pinienwald den Schauplatz der Zerstörung, Macchia hüllt die bizarren Lavaformationen ein und würziger Blumenduft schwebt über dem Stadtpark.

Der Ortsteil *San Antonio* mit der hell getünchten Chiesa Sant'Antonio verbindet Ischia Porto mit **Ischia Ponte**. Einen Besuch wert ist hier die **Biblioteca Antoniana** (Mo–Fr 9–13 Uhr, Tel. 08 13 33 32 55). Die ältesten der 18 000 Bände stammen aus dem 16. Jh.

Zurückhaltender als Ischia Porto, architektonisch geordneter, mit pastellfarbenen Fischerhäusern am Meer und den Palazzi reicher Bürger in Panoramalage, ist Ponte der geschichtsträchtigere Ortsteil. Viel Atmosphäre hat das alte Viertel **Borgo del Celso** mit seinen drei Kirchen, der barocken *Cattedrale S. Maria Assunta*, die ein wertvolles Holzkreuz aus dem 13. Jh. hütet, mit der von Matrosen errichteten Kirche *Spirito Santo* aus dem 16. Jh. und der kleinen *S. Maria di Constantinopoli*.

Vom hellen, charismatischen Ischia Ponte führt der im 15. Jh. erbaute, 228 m lange Ponte Aragonese zu dem vorgelagerten Trachytkegel, der das **Castello Aragonese** trägt. Schon die Syrakusaner entdeckten im 5. Jh.

TOP TIPP

Links: *Im kleinen Hafen von Ischia Porto muten die Passagierschiffe wie schwimmende Häuser an*
Rechts: *Nahrung für Seele und Leib: mühevolle Prozessionen, säuerliche Erfrischungen, süßliche Devotionalien und ein freundliches Lächeln zu Cappuccino und Gebäck*

REGINA — CŒLI — LETARE

Wo man einst Zuflucht und Schutz suchte vor den Angriffen der Feinde, findet man heute ein malerisches Ruinenensemble und überwältigende Ausblicke: Castello Aragonese auf Ischia

v. Chr. die strategische Bedeutung des 100 m hohen Felsens und errichteten hier eine *Befestigungsanlage*. Die Römer taten es ihnen gleich, doch ihr Wachturm wurde dem Verfall preisgegeben, nachdem die Stadt *Aenaria*, nahe der heutigen Brücke, im Meer versunken war. 1000 Jahre später versteckten sich die Ischitani in den Mauerresten vor den Sarazenen. Erst die aragonesischen Inselherren wurden wieder auf die Möglichkeiten aufmerksam, die die exponierte Lage bot. Sie ließen den Burgfelsen, von den Einheimischen *Lo Scoglio* genannt, durch einen Damm mit der Hauptinsel verbinden und befestigen. Schloss und Wohnsiedlung, Kirchen und Klöster entstanden auf engstem Raum; in den wehrhaften Mauern lebten zeitweise bis zu 5000 Personen. Im Turm des Castello schrieb die berühmte Renaissancedichterin **Vittoria Colonna**, Gattin des Feldherrn Ferrante d'Avalos, ihre Sonette. Als im 18. Jh. das Gedränge auf dem Burgberg zu groß und der Bischofssitz nach Ischia Ponte verlegt wurde, verfielen die Bauten. Heute ist der Fels Privatbesitz, kann aber täglich gegen Entgelt besichtigt werden.

Die **Besichtigung** (tgl. 9.30–17 Uhr) – nach oben gelangt man zu Fuß durch Tunnel und Treppenaufgang oder per Aufzug – führt zu den Ruinen der *Cattedrale* mit Fresken des 14. Jh. in der Krypta, zur sechseckigen Kirche *San Pietro* aus dem Jahr 1547 und zum ehem. *Klarissinnenkloster*. In der Krypta der benachbarten **Chiesa dell' Immacolata** sind die unheimlichen *Steinsitze* zu bewundern, auf denen die toten Klarissinnen der Verwesung preisgegeben wurden, bis ihre Knochen durch die Sitzöffnung in ein Becken fielen.

Auf der Bergspitze steht der sog. *Maschio*, der **Burgpalast** der aragonesischen Herrscher. Die von Rundtürmen bewachte Anlage ist baufällig, von der Zeit besiegt – das Panorama ist grandios.

i Praktische Hinweise

Information: AACST Ischia und Procida, Porto Vittoria Colonna 108, Ischia, Tel. 08 15 07 42 11, Fax 08 15 07 42 30 (nur vormittags besetzt)

Hafen: Schiffsverbindungen von Neapel und Pozzuoli (über Procida) nach Ischia Porto. Verbindungen von Ischia Porto auch nach Castellamare, Sorrent und Capri.

Hotels

*******Grand Hotel Punta Molino Terme**, Lungomare Cristoforo Colombo 23, Ischia, Tel. 0 81 99 15 44, Fax 0 81 99 15 62, www.puntamolino.it. Luxuriös, ruhig, von blühenden Gärten und einem Pinienhain umgeben.

*******Il Moresco**, Via Emanuele Gianturco 16, Ischia, Tel. 0 81 98 13 55, Fax 0 81 99 23 38, www.ilmoresco.it. Grandhotel im maurischen Stil. Parklage zwischen Lido und Piazzetta.

******La Villa Rosa**, Via Giacinto Gigante 5, Ischia, Tel. 0 81 99 13 16, Fax 0 81 99 24 25, www.lavillarosa.it. Stilvoll eingerichtetes Haus, schöner Garten, rustikale Chalets.

*****Bristol Palace Terme**, Via Marone, Ischia, Tel. 0 81 99 21 81, Fax 0 81 99 32 01, www.italiaabc.it. Großes Haus mit Thermalschwimmbad und Garten in Meernähe.

Restaurant

Damiano,Via Variante Esterna SS 270, Ischia, Tel. 0 81 98 30 32. Elegantes Restaurant mit herrlichem Panoramablick. Spezialität: Fischgrillplatten.

9 Casamicciola Terme

Plan Seite 52

Eines der ältesten Kurzentren der Insel mit den meisten Heilquellen.

Die SS 270 umrundet Ischia. Die nächste größere Ortschaft an der Straße, 5 km von Ischia Porto entfernt, ist Casamicciola Terme. Das würdevolle erste Zentrum des insularen **Thermalbädertourismus** ist heute eine ausufernde Stadt, die sich von den lebhaften Küstenvierteln Marina und Perrone bis zu den hochgelegenen Ortsteilen **Bagni**, Maio und Gran Sentinella an den Ausläufern des Monte Epomeo erstreckt. Bagni, berühmt durch die 85° C heiße *Gurgitello-Quelle*, die die modernen Terme Belliazzi speist, ist eines der ältesten Badezentren der Insel.

Casamicciolas Lage zwischen weiter Bucht und fruchtbaren grünen Hügeln täuscht Beschaulichkeit nur vor. 1883 verwüstete ein *Erdbeben* die Stadt. Damals starben 1800 Einwohner. Die Überlebenden bauten neue, erdbebensichere Häuser und bezaubernde *Villen* in der Höhenlage von Gran Sentinella. Einer der berühmtesten Gäste der hier an **Heilquellen** besonders reichen Gegend war der norwegische Dramatiker Henrik Ibsen. Im Sommer 1867 schrieb er in dem heute *Villa Ibsen* genannten Haus Teile seines ›Peer Gynt‹.

i Praktische Hinweise

Hafen: Schiffsverbindungen mit Neapel, Molo Beverello, und Pozzuoli.

Hotels

******Elma Park Hotel Terme**, Corso Vittorio Emanuele 57, Casamicciola Terme, Tel. 0 81 99 41 22, Fax 0 81 99 42 53, www.hotelelma.it. Schöne, ruhige Lage, angenehmes Ambiente, Garten mit Hafenblick.

*****Stefania Terme**, Piazzetta Nizzola 13, Casamicciola Terme, Tel. 0 81 99 41 30, Fax 0 81 99 42 95, www.hotelstefaniaterme.it. Modernes Kurhotel neben der Stefania-Therme.

10 Lacco Ameno

Plan Seite 52

Der Landeplatz der Griechen ist heute ein Nobelkurort.

Am Fuß des *Monte Vico*, 2 km westlich von Casamicciola, liegt Lacco Ameno. Wind und Wasser gestalteten die merkwürdige Form von **Il Fungo**, dem meerentwachsenen Riesenpilz aus Tuffstein vor der Hafenmole. Er ist das *Wahrzeichen* des geschichtsträchtigen Ortes. In

Schön anzusehen und resistent gegen Schneckenbefall – so mancher Steinpilz gedeiht auch in Salzwasser ...

Blauer Himmel, blaues Meer, blaue Boote: die Hafenidylle von Lacco Ameno mit dem Monte Epomeo im Hintergrund

ebenso kühner wie strategischer Manier gingen die Griechen im 8. Jh. v. Chr. in der geschützten Bucht vor Anker und bauten am Hang des Monte Vico ihre erste Siedlung, die sie **Pythecusa** nannten. Zwei Archäologen, der deutschstämmige Italiener Giorgio Buchner und der Brite David Ridgway, legten ab 1952 die Reste von Pithekoussai unter der Nekropole im Tal von San Montano frei.

In einem Kindergrab fand Giorgio Buchner das kostbarste Stück: den **Becher des Nestor**. Er trägt den ältesten aus den westlichen Mittelmeerländern erhaltenen *Verstext* in griechischer Sprache (7./6. Jh. v. Chr.).

Viele Jahrhunderte lang nur ein verträumtes Fischerdorf, erlebte Lacco Ameno im 19. Jh. den Aufstieg zum **Kurort** und in den 60er-Jahren des 20. Jh. einen kurzen *Jet-Set-Rausch*. Das Intermezzo ging vorüber, geblieben sind **Thermalquellen** von internationalem Ruf, elegante Hotels, ein nobles Ambiente und die Touristenscharen auf der **Piazza S. Restituta** mit der gleichnamigen Kirche zu Ehren der *Märtyrerin*: Ihr brennendes Boot, so will es die Legende, soll bei Lacco Ameno gestrandet sein. In der Kirchenkrypta lohnt ein Besuch von **Museo e Scavi di S. Restituta** (So/Fei 9–12, Mo–Sa 9–12 und 16–18, im Sommer bis 20 Uhr), wo Grabungsfunde mit Sachkenntnis und Liebe zusammengestellt wurden.

Das **Museo Archeologico di Villa Arbusto** (Di–So 9.30–13 und 15–19, im Sommer 16–20 Uhr) oberhalb der Piazza S. Restituta bewahrt abgesehen von dem erwähnten Nestor-Becher über 10 000 antike Fundstücke, die ein vielfältiges Bild der griechischen Besiedlungsgeschichte liefern.

i Praktische Hinweise

Information: Comuni di Lacco Ameno, P.zza Santa Restituta 1, Lacco Ameno, Tel. 0 81 90 02 45, Fax 0 81 99 94 53, www.comunelaccoameno.it.
Flughafen: Eliporto (Hubschrauberlandeplatz) zwischen Casamicciola Terme und Lacco Ameno.
Hafen: Schiffsverbindungen mit Casamicciola Terme und Forio.

Hotels

*****__Regina Isabella e Royal Sporting__, Piazza S. Restituta, Lacco Ameno, Tel. 0 81 99 43 22, Fax 0 81 90 01 90, www.reginaisabella.it. Schick und teuer, prominente Gäste, Hubschrauberlandeplatz.

****__Grazia Terme__, Via Borbonica 2, Lacco Ameno, Tel. 0 81 99 43 33, Fax 0 81 99 41 53, www.hotelgrazia.it. Hotel inmitten eines Parks mit 60 Zimmern, Restaurant, Bar und Swimmingpools (Nov.–Mitte April geschl.).

****__Parco Terme Michelangelo__, Via Fango 77, Lacco Ameno, Tel. 0 81 99 51 34, Fax 0 81 99 55 53, www.hotelmichelangeloischia.it. Modernes, terrassenförmig angelegtes Hotel in herrlicher Umgebung.

Restaurant

'O Padrone d'o Mare, Via Roma 6, Lacco Ameno, Tel. 0 81 90 02 24. Die Highlights der italienischen Küche werden auf einer Meerterrasse serviert.

11 Forio und Spiaggia di Citara

Plan Seite 52

Mittelalterliche Wehrtürme, mediterraner Charme, Badespaß in den Giardini Poseidon Terme.

Die SS 270 führt von Lacco Ameno ins Hinterland der wunderschönen Baia di

San Montano. Den Monte La Guardiola und Monte Caruso umfahrend, erreicht man die Westküste. Unweit der Spiaggia San Francesco lohnt der botanische Garten **Giardino La Mortella** (April–Nov. Di, Do, Sa/So 9–19 Uhr, Tel. 0 81 98 62 20) einen Besuch. Ein tropisches Paradies ließ der britische Landschaftsarchitekt Russel Page für den Komponisten Sir William Walton entstehen. Englands Kronprinz Charles ist Ehrenpräsident der *Walton-Stiftung* für junge Musiker.

Zwischen den Abhängen des Monte Epomeo und dem Meer liegt an der Westküste Ischias zweitgrößte Gemeinde **Forio**. Der weitläufige 11 000-Einwohner-Ort, Mittelpunkt des Weinhandels, ist anmutig und *geschichtsträchtig* wie die jahrhundertealte Glyzinie auf der Piazzetta. Modernes umschließt hier Altes, wehrhafte, zinnengekrönte Türme (*Torrioni*), einst gegen die Sarazenengefahr errichtet, beherrschen verwinkelte Gassen, arabischer Baustil kontrastiert zu den vielen christlichen Kirchen.

Die interessanteste ist **S. Maria di Loreto** am Corso Umberto. Blickfang an der Fassade des im 14. Jh. erbauten, in der Folgezeit mehrfach veränderten Gotteshauses in pompejanischem Rot ist ein *Mosaik* des deutschen Malers Eduard Bargheer, dem Forio zur zweiten Heimat wurde. Das *Innere* der Basilika verdankt seine Eleganz dem Zusammenspiel von farbenprächtigem Marmor, üppigem Stuck und einer schönen Kassettendecke mit reicher Goldauflage.

Während das Leben auf der Via Regina pulsiert, lässt der Sonnenuntergang hinter der Wallfahrtskirche der Seefahrer, **Madonna del Soccorso**, die Betrachter auf der Terrasse hoch über dem Meer verstummen. Die Sonne, die an seltenen Abenden für einen kurzen Augenblick das berühmte ›grüne Leuchten‹ über die feuerfarbene Wasseroberfläche sendet, ehe sie vollends eintaucht, und der Blick hinüber zu den *Isole Ponziane*, in der Ferne wie schwarze Scherenschnitte im Meer, beeindrucken auch die Geschwätzigsten.

Südlich von Forio liegt Citara mit seinen schönen Stränden und den **Giardini Poseidon Terme**, dem bekanntesten Thermalbad der Insel. Zwanzig Kurbadebecken, von der berühmten, 54° C heißen Citara-Quelle gespeist, wurden stufenförmig abfallend angelegt, subtropische Vegetation umkränzt sie. Wunderschön und zum Greifen nah liegt die feinsandige, von Hügeln umgürtete **Spiaggia di Citara** mit ihren aus dem Meer aufragenden malerischen Felsen dem Besucher zu Füßen.

Wallfahrten zur Besänftigung der Elemente – Seefahrerkirche Madonna del Soccorso

Zuweilen weist der Meeresgott Poseidon persönlich den Weg in seine Thermen bei Forio

Praktische Hinweise

Information: Ufficio Turistico, Piazza Medaglia d' Oro 10, Forio, Tel. 0 81 99 73 23, Fax 0 81 99 77 20

Hafen: Forio wird aus Neapel und bei Insel-Rundfahrten angesteuert. Schiffsverbindungen zu den Isole Ponziane.

Hotels

TOP TIPP *******Mezzatorre Resort**, Via Mezzatorre 23, Forio, Tel. 0 81 98 61 11, Fax 0 81 98 60 15, www.mezzatorre.it. Haupt- und Nebengebäude des modernen Hotels (58 Zi.) sind um einen Turm aus dem 16. Jh. gruppiert, mitten in einem pinienbestandenen Park auf einer Landzunge direkt an der San-Montano-Bucht.

******Parco Maria Terme**, Via Statale 212, Forio, Tel. 0 81 90 90 40, Fax 0 81 90 91 00, www.parcomaria.it. Hübsches Haus im mediterranen Stil, üppiger Garten, 1 km zum Citara-Strand.

Restaurants

Da Peppina di Renato, Via Bocca 23, Forio, Tel. 0 81 99 83 12. In den Weinbergen gelegen, rustikales Ambiente, köstliche Inselspezialitäten.

La Romantica, Via Marina 46, Forio, Tel. 0 81 99 73 45. Hafenatmosphäre, Romantik bei Kerzenschein, frischer Hummer (Dez.–Febr. Mi. geschl.).

Umberto a Mare, Via Soccorso 2, Forio, Tel. 0 81 99 71 71. Bei köstlichen Speisen mit frischen Zutaten aus dem Meer blickt man von der Terrasse übers Wasser.

◁ Einfach abtauchen – im mediterranen Straßenleben, im Discogetümmel oder ganz allein in der Unterwasserwelt Ischias

12 Sant'Angelo

Plan Seite 52

Zauberhaftes Fischerdorf und Touristenort zugleich.

Die SS 270 wendet sich in Forio von der Küste ab, erreicht hügeliges Gelände und passiert das Weinbauerndorf *Cuotto*. Am steilen Epomeo-Hang kann man noch die berühmten **Case di Pietra** sehen, zu Häusern oder Lagerräumen ausgehöhlte Tuffsteinblöcke. Kurz nach dem Weiler Case Battaglia zweigt rechts eine Stichstraße ab, die über das von Weinbergen umgebene Dorf *Panza* nach **Sant'Angelo** führt. Zauberhafter kann ein ischitanisches *Fischerdorf* kaum aussehen: weiße und pastellfarbene maurische Häuser, übereinandergetürmt bis zur *Chiesa San Michele*, vor ausgeglühten Felshängen. Die **Piazzetta** am Hafen ist ein kleiner, quirliger Treffpunkt für alle, die Kuren in den Thermalgärten Aphrodite und Apollon und im Tropical Park mit fröhlichem Ferienleben verbinden wollen.

Über einen Damm erreicht man die Felsinsel **La Roia**. Die Ruinen der 104 m hoch gelegenen *Torre* legen Zeugnis ab von der blindwütigen Zerstörungskraft

Als seien die Häuser den Felsen entwachsen: das Fischerdorf Sant' Angelo

der britischen Kriegsmarine. Der Turm liegt seit 1808 in Trümmern, doch die Idylle der Umgebung blieb unbeschadet.

Praktische Hinweise

Information: Ufficio Informazioni, Via Chiaia di Rose, Sant' Angelo, Tel. 0 81 99 91 39

Hafen: Schiffsverbindungen nach Forio, Motorboote zum Maronti-Strand.

Hotels

******Park Hotel Miramare**, Via Comandante Maddalena 29, Sant' Angelo, Tel. 0 81 99 92 19, Fax 0 81 99 93 25, www.hotelmiramare.it. Traditionsreiches Hotel zauberhaft in einer Meeresbucht gelegen. Terrassenrestaurant, Privatstrand, Tennisplatz und Thermalgärten.

*****Vulcano**, Via Petrelle 14, Sant' Angelo, Tel. 08 15 07 51 11, Fax 0 81 99 91 48, www.vulcanoterme.it. Modernes Haus in Panoramalage mit drei Schwimmbädern, 20 m vom Fumerola-Strand entfernt.

Restaurants

Dal Pescatore, Piazzetta Sant'Angelo, Sant' Angelo, Tel. 0 81 99 92 06. Das gepflegte Restaurant liegt mitten im Trubel und bietet seinen Gästen Fisch vom Feinsten. Eine Spezialität des Hauses ist die köstliche Fischsuppe.

Il Girasole, Casa Petrella, an der Straße zum Maronti-Strand, Sant' Angelo, Tel. 0 81 99 92 97. Rustikal gestaltetes Luxusrestaurant. Meeresfrüchte in Hülle und Fülle.

13 Monte Epomeo

Plan Seite 52

Noch immer brodelt der Magmaherd.

Die SS 270 führt von Case Battaglia weiter landeinwärts über *Ciglio* mit seinen wehrhaften Tuffsteinhäusern. Nach kurvenreicher Bergfahrt erreicht man die Doppelgemeinde **Serrara Fontana** am Südfuß des Monte Epomeo, zu deren Gebiet auch Sant'Angelo gehört. Lohnend ist der Aufstieg zum Gipfel des Monte Epomeo (790 m, ca. 1 Std.) und zum *Eremo di San Nicola*, einer im 15. Jh. gegründeten Einsiedelei, deren in den Tuffsteinfels gegrabene Wohnzellen typisch für die Höhlenarchitektur der Insel sind. Obwohl der Monte Epomeo schon seit 700 Jahren nicht mehr ausgebrochen ist, brodelt das Magma unter einer 1000 m dicken Tuffschicht noch immer. Die **Aus-**

sicht auf die pastorale Landschaft, auf Einzelgehöfte, auf die *Parracine* genannten Bruchsteinmauern an den Abhängen des Berges, auf erkaltete Lavaströme und das Meer ist grandios.

14 Barano d'Ischia und Spiaggia dei Maronti

Plan Seite 52

Bergdorf inmitten von Weingärten und der berühmteste Strand der Insel.

Auf der kurvenreichen Straße von Fontana nach *Buonopane*, wo die Nitrodi-Quelle sprudelt, sieht man wieder einige der typischen ischitanischen *Case di Pietra* und alte, in den Tuffstein gehauene Weinkeller. Bei der Quelle fand man 1757 zwölf Votivtäfelchen aus römischer Zeit, die sich heute im Museo Archeologico Nazionale in Neapel befinden.

Im Grün der Rebhänge liegt die Berggemeinde **Barano d'Ischia**, die viele kleine Weiler umfasst. Die Landschaft ruht ganz in sich und wird erst bei **Testaccio** mit der sehenswerten Kirche S. Maria delle Grazie wieder touristischer.

Man erreicht den Ort über eine kehrenreiche Abzweigung von der SS 270 und gelangt schließlich westlich der Punta della Signora zur **Spiaggia dei Maronti**, einem der schönsten Badeplätze der ganzen Insel, etwas über 2 km lang, mit grobkörnigem Sand und Fumarolen, die Meerwasser und Ufer aufheizen. Hier kann man nicht nur wunderbar schwimmen, sondern auch einen herrlichen Ausblick bis nach Sant'Angelo genießen.

Praktische Hinweise

Hotels

******Parco Smeraldo Terme**, Via Maronti 29, Barano d'Ischia, Tel. 0 81 99 01 27, Fax 0 81 90 50 22, www.hotelparcosmeraldo.com. Angenehmes Haus direkt am Maronti-Strand. Zur Anlage gehören auch ein reservierter Strandabschnitt sowie ein Thermalbad.

*****San Giorgio Terme**, Via Maronti 42, Barano d'Ischia, Tel. 0 81 99 00 98, Fax 0 81 90 65 15, www.hotelsangiorgio.com. Modernes, helles Haus (80 Zi.) unter Pinien oberhalb des Strandes. Mit Swimmingpool.

Über allen Gipfeln ist Ruh': Abendstimmung über Golf und Inseln

Capri – blütenüberschütteter Felsen im Blau

Die Insel Capri, kleiner, als man glauben möchte, nur 6 km lang und 2,5 km breit, vielgeliebt, -besungen und oft gemalt, ist im Grunde ein Teil der *Sorrentinischen Halbinsel*. Der wuchtige **Felsen** besteht aus Dolomit und Kalk und wurde während der letzten Eiszeit vom Festland abgetrennt. Er ist nicht vulkanischen Ursprungs, aber der Wind blies Tuff und Asche von den nahen Vulkanen herbei und schuf eine Auflage, die eine außergewöhnlich **prächtige Vegetation** zulässt. 850 Pflanzenarten gedeihen, Wildkräuter wachsen in duftenden Polstern, im Spätwinter und Frühling steht alles in Blüte. Die gebirgige Landschaft mit ihren beiden wichtigsten Erhebungen, dem **Monte Tiberio** (335 m) und dem **Monte Solaro** (589 m), die von niedrigeren Trabanten umgeben sind, bietet den beiden Ortschaften – dem eleganten **Capri** und dem schlichteren, rustikaleren **Anacapri** – nur Hochebenen und Hügel als Siedlungsraum. Die Entdeckung des Hinterlandes der fremdenverkehrsgeplagten Insel braucht viel Zeit und Muße.

Die Insel, bereits in paläolithischer Zeit bewohnt, gewann erst mit den Ansiedlungen der Griechen ab dem 7. Jh. v. Chr. *historische Konturen*. Den Siedlern von Cumae, die das Felseneiland nach dem griechischen Wort für Wildschwein (›Kapros‹) tauften und die ersten Reben und Olivenbäume pflanzten, folgten die Römer. **Kaiser Augustus**, von der herben Schönheit der Insel entzückt, begierig, sie zu besitzen, gab der Stadt Neapel zum Tausch das fruchtbare und viel reichere Ischia. **Kaiser Tiberius** verfiel erst recht dem Zauber der Insel. Zehn Jahre lang, 27–37 n. Chr., wohnte er auf dem Monte Tiberio und ließ Villen bauen, die den Gottheiten des Olymp geweiht waren. Von der prunkvollen *Villa Jovis* aus regierte er das römische Imperium und wurde – wenn man den Überlieferungen Glauben schenken darf – zum grausamen Misanthropen.

Tiberius' Nachfolger wohnten nur sporadisch auf Capri. Mit dem Untergang des Römischen Reiches verlor die Insel die *Aura* der feudalen Residenz und ging von Hand zu Hand. Sarazenen, Langobarden, Normannen, Aragonier, Spanier, Österreicher, Franzosen und Engländer nahmen das Felseiland nacheinander in Besitz, ohne jedoch gravierende Spuren zu hinterlassen. Als der deutsche Maler und Schriftsteller August Kopisch 1826 die **Blaue Grotte** wieder entdeckte und populär machte, setzte der bis heute nicht abreißende Strom des *Fremdenverkehrs* voll ein.

15 Capri

Plan Seite 64/65

Berge wie Höcker, Dolomitfelsen bis ins Meer, Belvederes, weiße Häuser, eine wildromantische Landschaft, umgeben vom Blau des Meeres.

Die Häuser des **Ortes** Capri wirken, als wären sie – dicht im Altstadtbereich und weniger dicht in den Randbezirken – über eine intensiv grüne, an Berge brandende Hochfläche gewürfelt worden. Die Lage des Ortes ist faszinierend – fast alle Spazierwege enden an Aussichtspunkten, die Postkartenschönes und landschaftlich Hochdramatisches bieten.

Ein blaues Wunder, mit reichlich Grün garniert – Blick aufs Meer bei den Faraglioni-Klippen

Marina Grande

Capris turbulenter, von Felsen umgebener Hafen *Marina Grande* an der Nordküste, mit terrassengeschmückten Häusern in vielerlei Pastelltönen, ist der *Ausgangspunkt* für die Inselerkundung. Einen klei-

Ein Plätzchen kommt zur Ruhe – die Piazza Umberto I bei Nacht

nen Abstecher vom Hafen über die Via Provinciale Marina Grande in den Ortsteil *Aiano di Sotto* belohnt die originelle **Chiesa di San Costanzo** 1. Im 5. Jh. hat man sie aus Bruchsteinen des römischen Palazzo a Mare errichtet. In der Folgezeit wurde sie immer wieder umgebaut, da jedes Zeitalter den Gebeinen von Capris Schutzheiligem Konstantin einen ganz eigenen würdigen Rahmen bieten wollte. Nun steht sie für ein Jahrtausend vielfältiger Architekturgeschichte.

In der Nähe führt die erst kürzlich restaurierte **Scala Fenicia** 2, bis 1877 einzige Verbindung von Marina Grande nach Anacapri, reich an schönen Ausblicken, aber erschreckend steil und exponiert durch die Felswand bis auf eine Höhe von 250 m. Besonders reizvoll und weniger anstrengend ist der Weg von Anacapri aus.

Von der **Piazza Vittoria** 3 am Molo fahren Funicolare (Standseilbahn) und Busse fast bis ins Zentrum der 142 m hoch gelegenen Altstadt von Capri.

Von der Altstadt an die Südküste

Zentrum von Capri ist die **Piazza Umberto I** 4, in einsichtiger Bescheidenheit *Piazzetta* genannt. Das intime, innenhofartige Plätzchen ist für die Heerscharen von Touristen aus aller Welt wahrlich viel zu klein. Geschiebe, Gedränge und babylonisches Sprachgewirr herrschen auf diesem Jahrmarkt der Eitelkeiten um die alte *Torre dell' Orologio*, die die überfüllten Caféterrassen kulissenhaft überragt. Die im 17. Jh. am Ort eines gotischen Vorgängerbaus errichtete Pfarrkirche **San Stefano** 5 wendet ihre Front der Piazzetta Cerio und dem **Palazzo Cerio** 6 zu. Der Sitz der Cerio-Stiftung beherbergt das *Museo J. Cerio* (Di–So 10–12 Uhr, Tel. 08 18 37 66 81), in dem vor allem frühgeschichtliche Tierfunde zu sehen sind. San Stefano, teils nach Plänen des Francesco Antonio Picchiatti entstanden, teils der blühenden Fantasie des amalfitanischen Baumeisters Marziale Desiderio entwachsen, ist eine sehr eigenwillige Barock-

schöpfung. Bemerkenswert im **Inneren** ist ein farbig inkrustierter *Marmorfußboden*, dessen Einzelteile aus Tiberius' Villa Jovis stammen. Capreser schreiben dem *Tafelbild* in der Cappella del Rosario Wunderkräfte zu: Von den Sarazenen ins Meer geschleudert, kehrte es angeblich von selbst an seinen Platz zurück.

An der Piazzetta beginnt das enge Straßengewirr der malerischen **Altstadt**, die sich ab dem 11. Jh. um die kleine Chiesa S. Maria delle Grazie entwickelt hat. Vom Palazzo Cerio gelangt man über eine Treppe in die schmale, ladengesäumte, teils überdachte Via Madre Serafina, zum ehemaligen Kloster der Theresianerinnen und zur Kirche **San Salvatore** 7, einer Gründung von Suor Serafina di Dio (1621–1689). Die fromme, schriftstellerisch ambitionierte, wundergläubige und streitbare Nonne, Leiterin und Gründerin mehrerer Klöster auf Capri, wurde der Verbreitung theologischer Irrlehren angeklagt und schließlich der Ketzerei für schuldig befunden. Im **Inneren** der von Dionisio Lazzari entworfenen, unvollendet gebliebenen Kirche sind bemerkenswerte Altäre mit antiken Säulen aus der Villa Jovis zu sehen.

Die eklektische, vage maurisch anmutende **Villa Narcissus** 8 trägt auch nach mehrmaligen Umbauten noch immer die Handschrift des amerikanischen Malers Charles Cyril Coleman, der sie auf den Überresten eines Gebäudes aus dem 15. Jh. errichten ließ, das er 1874 erworben hatte. Etwas weiter erreicht man über die steil ansteigende, überdachte Via Castello den **Belvedere Cannone** 9. Seinen Namen hat der Aussichtsplatz von einer Kanone, die von den Franzosen 1808 zur Verteidigung des südlichen Inselteils aufgestellt wurde. Berühmt ist der strategische Ort mit seinem hübscheren Namen ›Terrazza dei Pittori‹ für die prachtvolle Aussicht über die malerische Bucht der Marina Piccola.

Via Vittorio Emanuele und Via Serena führen von der Piazzetta zu den **Giardini d'Augusto** 10, die der deutsche Industrielle Friedrich Alfred Krupp aus Liebe zu seiner Wahlheimat anlegen ließ. Vom reizvoll terrassierten Park, der auf den Ruinen einer römischen Ansiedlung entstand und in dem Lenin ein Denkmal errichtet wurde, blickt man meerwärts zur Marina Piccola, zu den *Faraglioni-Klippen* im tiefblauen Wasser und das Hügelland im Inselinneren.

TOP TIPP

In der Nähe, in einem zur Bucht hin abfallenden Hochtal, befindet sich die **Certosa di San Giacomo** 11 (Di–So 9–14 Uhr, Tel. 08 18 37 62 18), das 1371 von dem Capreser Grafen Giacomo Arcucci, dem Sekretär der Königin Johanna I. von Neapel, gegründete Kartäuserkloster. Mit ihren weißen, maurisch anmutenden Kuppeln, den typisch capresischen Gewölberücken und einem barocken **Campanile**, den überraschenderweise

Eingebettet ins Grün, umschmeichelt von Sonne und Meer – kann man sich eine schönere Einsiedelei vorstellen als die Certosa di San Giacomo?

Pech für Goethe

»Man reist ja nicht, um anzukommen, sondern um zu reisen«, bemerkte **Johann Wolfgang von Goethe**, von seiner Italienischen Reise zurückgekehrt, gegenüber Caroline Herder. Die Erkenntnis schmückt den Dichterfürsten, Philosophen, Naturforscher und Leiter der Finanzkammer von Sachsen-Weimar zwar, gewinnt jedoch eine ganz andere Tragweite, vergegenwärtigt man sich folgende Episode aus dem Jahre 1787.

Damals schien **Capri** dem Italienreisenden mit schroffer und, wenn es sein musste, todbringender Ablehnung zu begegnen. Goethes Schiff, bei absoluter Windstille manövrierunfähig der Strömung ausgesetzt, trieb näher und näher auf die Klippen der Insel zu. Der Dichter, von Seekrankheit ermattet, zog sich schicksalsergeben in seine Kajüte zurück. Die Nachricht von aufkommendem Wind in allerletzter Minute kommentierte er mit Genugtuung: Der dem Verderben Entronnene war heilfroh, die »gefährliche Felseninsel« für immer hinter sich lassen zu können. Er hat sie niemals betreten. Für ihn war sie alles andere als »Gottes Meisterwerk«, das sie für **Pablo Neruda** darstellte, kein »prunkvoller Tempel an einem Festtag« wie für **Maxim Gorki**. Nie hat Goethe die Insel mit den Augen von **Norman Douglas** in den »Farben der Damaszenervase« leuchten sehen oder »geheimnisvoll schwebend auf durchsichtigem Wasser« erblickt wie **André Gide**.

So wurde Goethe nicht zum Vorreiter einer großen Anzahl von **capriseligen Dichtern**, für deren Werke die Insel als Sujet oder Entstehungsort eine bestimmende Rolle spielte: für Rainer Maria Rilke und Axel Munthe, Hans Christian Andersen und August von Platen, Curzio Malaparte oder Victor von Scheffel, Gerhart Hauptmann oder Theodor Däubler, Graham Greene und Paul Heyse. Johann Wolfgang von Goethe verfiel nicht dem Zauber Capris, er entkam dem Schrecken, den es für ihn bereithielt, mit knapper Not. Capri sehen und sterben? Man reist ja schließlich, um immer weiterzureisen, nicht um den Tod zu finden, oder, Herr Geheimrat?

Voluten krönen, steht die monumentale Anlage für Kunstverstand und einstigen Reichtum. In einem wunderschönen *Panoramagarten* gelegen, gruppieren sich die Gebäude um einen aus dem 14. Jh. stammenden kleinen Kreuzgang und um den großen Renaissance-Kreuzgang (16. Jh.). Das Hauptwerk der capresischen Architektur ist mehrmals erweitert und renoviert worden. Im Refektorium wurde das **Museo Diefenbach** (Di–So 9–14 Uhr) eingerichtet: Es zeigt die großformatigen, düsteren Gemälde des Wahlcapresers Karl Wilhelm Diefenbach (1851–1913). In einem der Säle sind auch römische Statuen zu sehen, die im Jahr 1964 am Grund der Grotta Azzurra [s. S. 72] gefunden wurden.

Bei den Giardini d'Augusto beginnt die grandiose, kurvenreiche, 1902 in die Felswand geschlagene **Via Krupp** ⓬, die als Fußweg vom Hotel Quisisana zur Marina Piccola konzipiert wurde und wegen Steinschlags nur noch eingeschränkt benützt werden darf. Sie führt an der Torre Saracena vorbei, die Teil einer alten Wehranlage ist, und mündet in die Via Marina Piccola. Vor Jahrzehnten noch wenigen Korallenfischern vorbehalten, wurde die **Marina Piccola** ⓭, der südliche Anlegeplatz Capris, 1934 für den *Badetourismus* entdeckt. Den ›kleinen Hafen‹ kann man auch per Bus (ab Piazza Umberto I) oder – viel schöner – zu Fuß von der Via Roma aus über die Via Mulo (viele Stufen!) erreichen. Die felsige Land-

Kleiner Hafen, großes Badevergnügen – hübscher Badeplatz an Capris Südküste

zunge **Scoglio delle Sirene** ⑭, eigentlich ein alter römischer Hafendamm, teilt die Badebuchten in zwei Abschnitte. Zu beiden Seiten sind diese zwar beengt und verfügen nur über schmale Kiesstrände oder kleine flache Felsvorsprünge, doch die *Stabilimenti balneari* – von der elitären *Canzone del Mare* bis zu dem TOP TIPP hübschen **Da Luigi**, gegenüber den rätselhaften Felsgebilden der Faraglioni – lassen in puncto Komfort kaum Wünsche offen – und eine wunderbare Aussicht auf die Faraglioni gibt's gratis dazu.

Von der Piazzetta zur Villa Jovis

Etwa 45 Min. braucht man zu Fuß von der Piazzetta über die Via Longano und Via Tiberio, an der Cappella San Michele und üppig blühenden Villengärten vorüber, zur **Villa Jovis** ⑮. Die Prunkvilla des Tiberius wurde zu Beginn des 1. Jh. n. Chr.

wahrscheinlich über einer Villa aus der Zeit des Augustus errichtet. Der terrassenartig angelegte Bau bedeckt die riesige Fläche von 7000 m^2. Allein von den Mauerresten ausgehend, kann man sich eine Vorstellung von der *imposanten Anlage* machen, die sich den Schwüngen des Geländes vollkommen anpasste und in überhängenden, scheinbar der Schwerkraft enthobenen *Terrassen* zum Meer hin endete. *Rundgänge* (tgl. 9 Uhr bis 1 Std. vor Sonnenuntergang) führen zu Zisternen und Thermen, zu den Repräsentationsräumen mit einem halbrunden Saal am Ende der Landzunge, zur kaiserlichen Wohnung, zum Triclinium und zum atemberaubenden, 92 m langen Wandelgang, der, in die Steilküste geschlagen, das ganze Panorama des Sirenengolfs von Ischia bis zur Sorrentinischen Halbinsel jenseits der *Bocche di Capri* erschließt.

Rund 100 m südlich des Grabungsgeländes findet man noch die Ruinen jenes berühmten Faro (Leuchtturms), der – durch eine Weiterleitung seiner Feuersignale über die Leuchttürme von Punta Campanella und Capo Miseno – die *Nachrichtenübermittlung* bis ins kaiserliche Rom (und in umgekehrter Richtung) ermöglichte.

Hoch über dem Meer, mit Blick auf die Villa Jovis, stehen in einem verwilderten Garten die Reste der **Villa Fersen** 16. Jacques Comte d'Aldelswared Fersen (1879–1923) wurde nicht so sehr durch seine dichterischen Fähigkeiten berühmt, sondern vielmehr durch seinen – für die Moralvorstellungen der Wende zum 20. Jh. – skandalösen Lebenswandel: Der Graf lebte mit einem römischen Zeitungsjungen zusammen, veranstaltete ausschweifende Feste und setzte schließlich im Drogenrausch seinem Leben selbst ein Ende.

Inselrundfahrten ab Marina Grande

Erstes Ziel der Bootstrips sind die **Bagni di Tiberio** 17 mit den römischen Ruinen des *Palazzo a Mare* an der Nordküste. Weiter geht die Fahrt an einem eindrucksvoll zerklüfteten Kalkriff entlang zur Punta di Gradola und zur *Grotta Azzurra* [s. S. 72]. Einen guten Überblick hat man vom Boot aus über die anschließenden großen Buchten der einsamen **Westküste**, Cala del Rio, Cala del Mezzo und Cala del Limmo.

Eine Reihe von Grotten durchzieht die steilen Hänge der **Südküste** hinter dem Leuchtturm (dem zweitwichtigsten Italiens) an der **Punta Carena** 18 zwischen Punta Marmolata und Punta Ventroso: die *Grotta dei Santi* mit eigenartigen Kalksteinformationen, die an Heiligenfiguren erinnern, die dunkle *Grotta Rossa* und die *Grotta Verde* mit ihren überraschenden Licht- und Farbeffekten. An der Südküste wechseln steile, höhlenlose Abschnitte (bei Marina Piccola) mit höhlenreichen (in der Nähe des östlichen Inselkaps). Beim kleinen Porto di Tragara werden die eindrucksvollen **Faraglioni** 19, die Wahrzeichen Capris, umfahren. Die drei Kalksteinfelsen Faraglione di Mezzo, Faraglione di Fuori und Faraglione di Terra wachsen stolz aus dem, je nach Sonnenstand, tiefblauen oder smaragdgrünen Wasser. Überwältigend ist das Panorama mit Blick auf die Faraglioni auch von der dahinter liegenden **Punta di Tragara** 20, die man auf dem Landweg vom Ort Capri aus über die hübsche Via Tragara erreicht – selbst die Aussicht auf einen Aussichtspunkt kann auf Capri unvergleichlich sein!

Seit 2000 Jahren genießt die Augustusstatue das Panorama der Faraglioni

Ab und zu sieht man auf Capri auch gerne Rot: Curzio Malapartes extravagante Villa

An Bord des Bootes lässt man den einsamen Felsen Il Monacone hinter sich und gelangt zur Punta Massullo mit der **Villa Malaparte** 21. Hingestreckt wie eine Raubkatze liegt sie – rot bemalt und 54 m lang – auf dem kargen Felsrücken. Curzio Malaparte (1898–1957), eigentlich Kurt Erich Suckert, Enfant terrible mit extrem linker Weltanschauung, berühmt durch seine Romane ›Kaputt‹ und ›Die Haut‹, vermachte die Villa der Volksrepublik China.

Entlang der **Ostküste**, an der Cala di Matermania, liegen noch weitere Grotten: Zu bewundern sind die Grotta del Moschino und die Grotta dei Preti, die Grotta Bianca und die **Grotta Meravigliosa** 22 mit ihren außerordentlichen Lichteffekten und bizarren Stalaktitformationen. Die Felsen am Ostkap sind sehr steil und zerklüftet. Zahlreiche Legenden ranken sich um den **Salto di Tiberio**, eine 328 m jäh zum Meer abfallende Felswand: Ließ der römische Imperator an dieser Stelle tatsächlich seine Feinde in den Tod stürzen? Die Marina di Caterola mit ihrem Riff hinter sich lassend, erreicht man schließlich wieder die Marina Grande.

i Praktische Hinweise

Information: AACST, Piazzetta Cerio 11, Capri, Tel. 0818 37 04 24, Fax 0818 37 0918, www.capritourism.com

Hafen: Schiffsverbindungen von Marina Grande nach Neapel, Castellammare, Sorrent, Positano und Amalfi, im Sommer nach Ischia.

Hotels

*******Grand Hotel Quisisana**, Via Camerelle 2, Capri, Tel. 0818 37 07 88, Fax 08 18 37 60 80, www.quisi.it. Luxusherberge (160 Zi.) mit Stil, illustren Gästen, Swimmingpools, Bars und Restaurants.

TOP TIPP *******Punta Tragara**, Via Tragara 57, Capri, Tel. 0818 37 08 44, Fax 08 18 37 77 90, www.hoteltragara.com. Vornehmes, von Le Corbusier mitentworfenes Haus (50 Zi.) in bestechender Lage nahe den Faraglioni mit Garten, Pools und zwei Restaurants.

******Luna**, Viale Matteotti 3, Capri, Tel. 08 18 37 04 33, Fax 08 18 37 74 59, www.lunahotel.com. Hotel in ruhiger Lage hoch über dem Meer, in der Nähe der Augustus-Gärten, mit Pool.

****Villa Brunella, Via Tragara 24a, Capri, Tel. 08 18 37 01 22, Fax 08 18 37 04 30, www.villabrunella.it. In Grün und Blüten gebettetes Hotel (8 Zi., 12 Suiten) an einem terrassierten Hang. Steile Treppe zum Meer.

**Villa Krupp, Via Matteotti 12, Capri, Tel. 08 18 37 03 62, Fax 08 18 37 64 89. Wer wie Lenin und Gorki über Marina Piccola wohnen will, ist in dem hellen, sauberen Haus gut aufgehoben.

Restaurants

La Capannina, Via delle Botteghe 12, Capri, Tel. 08 18 37 07 32. Elegantes, teures Veranda-Lokal in der Nähe der Piazzetta. Fischspezialitäten und Inseltypisches.

Quisi, Via Camerelle 2, Capri, Tel. 08 18 37 07 88. Elegantes Abendrestaurant des Hotels Quisisana mit bester internationaler Küche.

Villa Brunella, Via Tragara 24, Capri, Tel. 08 18 37 01 22. Hier kann man mit Blick auf die Faraglioni *Pasta di zucchini e scampi* schlemmen.

16 Anacapri

Plan Seite 64/65

Traditionelles Dorf an den Hängen des Monte Solaro.

Anacapri, 275 m hoch gelegen, von Capri durch die Gebirgszüge des Monte Solaro und Monte Capello getrennt und vom Hauptort der Insel über die SS Provinciale Anacapri zu erreichen, ist beschaulich, ländlich, freundlich.

Von der **Piazza Vittoria** führen die Via Capodimonte und der von allzu vielen Geschäften gesäumte Viale Axel Munthe zur berühmten weißen **Villa San Michele** 23 (www.sanmichele.org, Mai–Sept. tgl. 9–18 Uhr, Okt.–April 10.20–15.30 Uhr, www.sanmichele.org). Der schwedische Arzt, Sammler und Schriftsteller Axel Munthe, Autor des Romans ›Das Buch von San Michele‹, wurde 1887 auf Capri sesshaft und ließ sein *Traumhaus* in malerischer Lage am Rande der Steilabstürze des Monte Solaro bauen: Unwiderstehlich ist das **Panorama**, romantisch die schattige Pergola. Die Villa selbst überzeugt jedoch weni-

TOP TIPP

Den Naturschönheiten und der Antike hingegeben – Axel Munthes Studierzimmer **(oben)** *und der Ausblick von der Terrasse seiner Villa San Michele* **(unten)**

ger: Zu bunt ist die Stilmixtur. In die Anlage wurden Überreste einer römischen Villa, ein schlichtes Bauernhaus und eine kleine Kapelle miteinbezogen. Heute ist sie der Erinnerung an Axel Munthe gewidmet und als *Museum* mit einem Sammelsurium mehr oder weniger sehenswerter Gegenstände bestückt. Die historische Wahrheit deckt sich oft nicht mit den Vorträgen der Ciceroni: Das berühmte ›Buch von San Michele‹ entstand nicht hier, sondern in der für Besucher nicht zugänglichen Torre Materita, in die sich der erblindende Autor zurückgezogen hatte.

Vor einer eingehenden Besichtigung Anacapris lohnt die *Sesselliftfahrt* von der Via Caposcuro (nahe Piazza Vittoria) über Weinberge, Gärten, Kiefernhaine und immergrüne Macchia hinauf zum **Monte Solaro** 24. Die *Aussicht* vom 589 m hohen Gipfel ist grandios: steile Abstürze ins Meer und grüne Weite, weiß getupft von Häusern.

Über die Piazza Vittoria führt die Hauptstraße Anacapris, **Via Orlandi**, zur bunten *Casa Rossa*, die einen aragonesischen Verteidigungsturm umschließt, in dem ein kleines archäologisches Museum untergebracht ist. Über die abzweigende Via San Nicola erreicht man die barocke **Chiesa San Michele** 25 (Mai–Sept. tgl. 9.30–18 Uhr, Okt.–April bis 16 Uhr). Berühmt ist die 1719 auf oktogonaler Grundfläche errichtete Kirche wegen ihres wunderbaren *Majolika-Fußbodens*, ein Werk des abruzzesischen Künstlers Leonardo Chiarrese. Dargestellt ist die ›Vertreibung Adams und Evas aus dem Paradies‹ nach einem Entwurf von Francesco Solimena.

Auf einer kleinen Anhöhe bei der Piazza Armando Diaz steht die **Chiesa S. Sofia** 26 mit ihren schlanken, asymmetrischen Kuppeln. Ihre schön geschwungene, mehrmals umgebaute weiße Fassade stammt aus dem 18. Jh. Im Anschluss an die Besichtigung empfiehlt sich ein Spaziergang durch **Le Boffe** 27, eines der ältesten Viertel Anacapris, mit seinen schmalen Gassen und romantischen kleinen Plätzen.

TOP TIPP Von Le Boffe führt eine kurvenreiche Autostraße zur **Grotta Azzurra** 28 (tgl. 9–17 Uhr). Das ›Wunder Capris‹, eine zum Teil im Meer versunkene Karsthöhle, erhält seine zauberhafte *Blautönung* vom Tageslicht, das durch eine große Felsöffnung unter dem Meerespiegel eindringt und sich im Wasser und an den Wänden bricht. Die 54 m lange, 15 m hohe und 30 m breite Höhle war schon in römischer Zeit bekannt und diente vermutlich als **Nymphäum**. 1964 am Grund der Grotte gefundene antike *Marmorstatuen* sind im Museum der Cer-

Oben: *Ein Fläschchen ›Caprisonne‹ für zuhause gefällig?*
Rechts: *Einmal die Grotta Azzurra ganz allein für sich haben – lässt sich eine schönere Fahrt ins Blaue denken?*

tosa [s. S. 66] ausgestellt. Nachdem sie jahrhundertelang in Vergessenheit geraten war, wurde die Blaue Grotte, deren Nebenhöhlen noch weitgehend unerforscht sind, erst 1826 von dem deutschen Dichter August Kopisch während einer Bootsfahrt zufällig wieder entdeckt. Die Grotte kann auch per Boot von Marina Grande aus angefahren werden. Im Sommer ist der Andrang vor dem Eingang (Wartezeit einplanen!) gewaltig, Passage und Eintrittsgebühren sind überteuert.

Von der Grotte führt ein schmaler Weg steil bergan zur **Villa Damecuta** 29. Nach Verwüstungen durch Erdbeben und Plünderer ist von der *Sommervilla* des Tiberius nicht mehr viel übrig geblieben.

i Praktische Hinweise

Information: Ufficio Informazioni, Via Giuseppe Orlandi 59, Anacapri, Tel. 08 18 37 15 24

Hotels

*****__Capri Palace Hotel__, Via Capodimonte 2b, Anacapri, Tel. 08 19 78 01 11, Fax 08 18 37 31 91, www.capri-palace.com. Luxushotel (82 Zi.) mit Schönheitsfarm in herrlicher Lage.

****__Caesar Augustus__, Via Giuseppe Orlandi 4, Anacapri, Tel. 08 18 37 33 95, Fax 08 18 37 14 44, www.caesar-augustus.com. Haus in bester Panoramalage, mit zauberhaftem Swimmingpool, kein Restaurant.

Restaurants

TOP TIPP **Add' ò Riccio**, Località Grotta Azzurra, Tel. 08 18 37 13 80. Fantastisch gelegenes Terrassenrestaurant in der Nähe der weltberühmten Grotta Azzurra, das passende Ambiente für capresische Spezialitäten und Fischdelikatessen (Winter geschl.).

Da Gelsomina, Via Migliera 76, Anacapri, Tel. 08 18 37 14 99. Ländliches Terrassenrestaurant an der Südküste nahe dem Belvedere di Migliera. Typische Inselküche (Di geschl.).

Mamma Giovanna, Via Boffe 3–5, Anacapri, Tel. 08 18 37 20 57. Gemütliches, preisgünstiges Lokal im alten Teil Anacapris. Köstliche grüne Gnocchi mit Meeresfrüchten.

Von Neapel nach Caserta – Abstecher in die Campania felix der Römer

Die Landschaft Kampaniens ist die abwechslungsreiche Küste am Golf. Maerlisch sind auch die weiten Ebenen, die wogenden Weizenfelder, die silbrig schimmernden Olivenhaine, die ausgedehnten Gemüsekulturen und die Weinberge, in denen die Trauben vor Saft beinahe platzen. Immer wieder verlockt die *Campania felix* der Römer, die längst weniger poetisch in **Terra di Lavoro** umgetauft wurde, zu Ausflügen ins geschichtsträchtige Hinterland von Neapel. Die Entdeckung der uralten stillen Orte in der Umgebung von Caserta – **Caserta Vecchia**, **S. Maria Capua Vetere** und die romanische Basilika **Sant'Angelo in Formis** seien hier nur genannt – ist ein Erlebnis.

17 Aversa

Erste Hauptstadt der Normannen in Italien. Geburtsort des Komponisten Domenico Cimarosa.

Vor fast tausend Jahren, 1030, eroberten die Normannen die Festung des an der Via Appia gelegenen antiken *Atella*. Ihr Anführer Rainulf, ebenso kampfeslustig wie weitblickend, baute es zur Hauptstadt der ersten normannischen Grafschaft in Italien aus. Aversa erlebte einen raschen Aufstieg.

In der Blütezeit entstand der 1090 vollendete **Duomo San Paolo**. Erdbeben und Brände setzten ihm zwar arg zu, doch das mächtige Gewölbe der Apsis und die Kuppel im arabisch-normannischen Stil blieben erhalten. Der die Horizontale betonende **Innenraum** wirkt durch einen ›Wald‹ von 128 Marmorsäulen, die auf den romanischen Chorumgang aus dem 11. Jh. einstimmen, feierlich und edel. Die größte Kostbarkeit ist das **Relief** ›Der hl. Georg tötet den Drachen‹ aus dem 9./10. Jh.

Aversa ist die Geburtsstadt von *Domenico Cimarosa* (1749–1801), dem bedeutendsten Komponisten komischer Opern der Epoche vor Rossini. Von seinen mehr als 60 Bühnenwerken, die Stendhal einst ebenso euphorisch wie übertrieben denen Mozarts gleichsetzte, findet man nur mehr die anmutig-graziöse, 1792 in Wien uraufgeführte Oper ›Il Matrimonio Segreto‹ (›Die heimliche Ehe‹) gelegentlich auf den Spielplänen.

Praktische Hinweise

Hotel

****Del Sole**, Via Mazzini 27, Aversa, Tel. 08 18 90 12 66, Fax 08 18 90 13 66. Einfaches Hotel (34 Zi.) im Zentrum, für Kurzaufenthalte geeignet.

18 Capua

Mittelalterliches Städtchen in der Flussschlinge des Volturno.

Die SS 7bis erreicht Capua bei der alten Brücke des römischen *Casilinum*. Das kleine, von Mauern umgebene Städtchen an der Via Appia Antica, Nachfolgerin des zerstörten antiken Capua [s. S. 77], erweckt trotz vieler alter Paläste, darunter der **Palazzo dei Principi Normanni** aus dem 11. Jh., beim Besucher nicht den Eindruck, sich besonders wichtig zu nehmen. Den Status als Hauptstadt der Campania felix hatte Capua mit dem Ende der Langobardenherrschaft verloren.

Das bedeutendste Baudenkmal neben dem nach 1945 im alten römischen Stil wieder errichteten **Ponte Romano** ist der romanische **Duomo SS. Stefano e Agata** aus langobardischer Zeit. Er wurde nach schwerer Beschädigung im Zweiten

Oleanderpracht und Palmengrün umschmeicheln die wehrhaften Konturen des Palazzo dei Principi Normanni in Capua

Thronender Christus, umgeben von den vier Evangelistensymbolen, in St. Angelo in Formis

Weltkrieg einfühlsam rekonstruiert. Seine effektvollen *Atriumsäulen* stammen noch aus der Antike. In den Seitenkapellen des dreischiffigen **Innenraums** glänzen goldgrundige Madonnenbilder aus dem 13.–15. Jh. Der schöne Osterleuchter an der letzten Arkadensäule, eine bedeutende Bildhauerarbeit aus dem 13. Jh., hat alle Zerstörungen überdauert.

In Capuas Museo Campano zählen die beeindruckenden antiken Sitzstatuen zu den Hauptattraktionen

In der Nähe des *Municipio*, dessen große Kopfkonsolen an der Fassade vom Amphitheater des antiken Capua stammen, fällt die 1945 schwer beschädigte **Chiesa dell'Annunziata** auf. Domenico Fontana, ein Tessiner Meister des Frühbarock, gab der schönen Renaissancekirche die elegante, schmale Kuppel.

TOP TIPP Über die Via Duomo erreicht man das **Museo Campano** (Via Roma 68, Di–Sa 9–13.30, So 9–13 Uhr) im Palazzo Antignano. Die Exponate spannen einen Bogen von der Antike bis zur Neuzeit. Besonders beachten sollte man die **archäologische Abteilung** mit antiken Fundstücken aus dem Amphitheater in S. Maria Capua Vetere und die *Inschriftensammlung* des deutschen Historikers Theodor Mommsen im Lapidarium. Geheimnisumwittert sind die vielen kostbaren **Sitzstatuen** aus dem Fruchtbarkeitsheiligtum Santuario della Dea Matutina bei S. Maria Capua Vetere, deren älteste aus dem 7. Jh. v. Chr. stammt. Mosaiken, Vasen, Terrakotten und Bronzen ergänzen die Ausstellung im Erdgeschoss. Die **mittelalterliche Abteilung** zeigt vorromanische und romanische Skulpturenfragmente. Höhepunkte sind die staufischen Plastiken, die einst die *Porta delle Torri*, jenes Brückentor am Volturno schmückten, das zu Ehren Friedrichs II. an der nach Rom führenden Straße errichtet wurde.

Lohnend ist ein Abstecher nach **Sant' Angelo in Formis**, 5 km außerhalb in einsamer, malerischer Hügellage. Die gleichnamige, über einem Tempel der Diana Tifatina erbaute romanische *Basilika* stammt aus dem 11. Jh. Durch einen spitzbogigen Portikus betritt man den **Innenraum**, dessen Wände über und über mit *Fresken* im cassinensisch-byzantinischen Stil bedeckt sind (Ende 11. Jh.).

i Praktische Hinweise

Hotel

****Mediterraneo**, Via Nazionale Appia, Capua, Tel. 08 23 9615 75, Fax 08 23 62 26 11. Einfaches, sauberes Haus (15 Zi.) mit Restaurant und Pool.

19 S. Maria Capua Vetere

50 000 Zuschauer fasste das Amphitheater. In der Gladiatorenschule lernte Spartacus sein Handwerk.

Das von den Etruskern als *Volturnum* gegründete **Capua** war bis zu seiner Allianz mit Hannibal im 2. Punischen Krieg Roms geschätzter Bündnispartner. Die Titus Livius zufolge bevölkerungsreichste Stadt Italiens wurde im 5. Jh. von den Vandalen unter Geiserich zerstört.

Von der antiken Stadt stehen nur mehr die Reste des **Anfiteatro Campano** (Mai–Sept. Di–So 9 Uhr bis 1 Std. vor Sonnenuntergang, Okt.–April 9–15.30 Uhr) an der Piazza 1. Ottobre 1860. Unter Augustus im 1. Jh. n. Chr. an der Stelle eines früheren Amphitheaters errichtet, unter Hadrian erneuert, vierstöckig, reich dekoriert, mit Götterbüsten an den Schlusssteinen der Bögen, war es nur wenig kleiner als das römische Colosseum. Spartacus, der thrakische Sklave und glücklose Aufständische, lernte das Gladiatorenhandwerk in der Kämpferschule von Capua.

Über die Via Anfiteatro erreicht man das 1922 in einem unterirdischen Gang entdeckte **Mitreo** aus dem 2. Jh. n. Chr., ein dem persischen Gott Mithras geweihtes Heiligtum. Er wurde in römischer Zeit als Sternengott und Gott des Kampfes gegen das Böse verehrt. Die Wandmalereien stellen die Inaugurationsriten dar.

20 Caserta

Ein Bourbonenpalast mit 1200 Zimmern und eine neapolitanische Krippe mit Hunderten von Figuren.

Wo die *Campania felix* sanft in das Hügelland der Monti Tifatini übergeht, liegt Caserta. Die Provinzhauptstadt ist jung, maßvoll modern, im Grunde genommen gesichtslos und für Besucher nur ein Annex zum gewaltigen **Palazzo Reale** (tgl. 8.30–19.30 Uhr), der *Reg-*

TOP TIPP

In den Ruinen des Anfiteatro Campano von S. Maria Capua Vetere wird Geschichte lebendig

Der Alltag hält Einzug in Bethlehems Stall

Die Frömmigkeit der Neapolitaner war nie introvertiert. Ihre Liebe zum Bildhaften, Malerischen und theatralisch Bewegten fand ihren Ausdruck gerade in den berühmten **Weihnachtskrippen** (Presepii). Waren die Figuren ursprünglich noch bescheiden und traditionell aus Holz oder Marmor geformt, sprengte die Fantasie der Krippenbauer im 18. Jh. den stillen, würdigen Rahmen für das biblische Geschehen. Köpfe aus Terrakotta, Arme und Beine aus Holz, verbunden mit einem durch Werg gepolsterten Körper aus Eisendraht machten die bisher statischen Figuren biegsam und beweglich und verliehen ihnen eine erstaunliche Ausdruckskraft. Unter Karl IV. von Bourbon gaben Künstler wie **Giuseppe Sammartina** und Porzellanmedailleure aus der Manufaktur von Capodimonte den in eigens für sie hergestellten Stoffen gekleideten Figuren eine neue, verfeinerte Note.

Die Krippen selbst gerieten im Laufe der Zeit mehr und mehr zur **lokalen Bühne**. Christi Geburt wurde in die Landschaft Kampaniens verlegt und die stille Würde des Ereignisses löste sich in populären Sceneggiate, Alltagsszenen, auf. Die Fantasie der **Krippenmacher** (Pastorai) in der Via San Gregorio Armeno von Neapel kennt keine Grenzen. Längst basteln sie auch ausgefallene, skurrile Szenarien und lassen selbst bekannte Politiker, zuweilen in lachhaften Posen, im turbulenten Geschehen erscheinen.

gia von Caserta. Karl III. von Bourbon, König von Neapel und Sizilien, ein Mann mit Charisma, vollen Staatskassen und aufklärerischen Ideen, gab die ausufernd geplante **Sommerresidenz** in Auftrag, um die später eine neue königliche Hauptstadt wachsen sollte. Als Architekt wurde der päpstliche Barockbaumeister Luigi Vanvitelli ausgewählt. 1752 begannen die Bauarbeiten, 6,7 Mio. Dukaten verschlangen sie, 20 Jahre später war das Schloss bezugsfertig, aber erst 1845 konnte es vollendet werden.

Die Königsstadt **Villa Reale**, als Zentrum eines konkurrenzfähigen modernen Staates und von ihm geförderter Industriebetriebe gedacht, der Traum Karls, wurde nie verwirklicht. Der Monarch residierte als spanischer König längst in Madrid und der *letzte große Palastbau* am Vorabend der Französischen Revolution blieb trotz seines wahrhaft majestätischen Gepräges ein Haus ohne Zukunft. Karls Nachfolger wohnten gelegentlich und auf Abruf dort, der glücklose Joachim Murat brachte eigene Möbel mit, Italiens Könige waren seltene Gäste. Zum glanzvollen Mittelpunkt eines Königreichs wurde das Schloss im Grunde genommen nie. Schauplatz eines bedeutenden politischen Ereignisses war es allerdings, als der britische Lord Alexander 1945 in der Reggia die *Kapitulation* der deutschen Streitkräfte in Italien entgegennahm.

Vanvitelli gab dem riesigen, 250 m langen und 202 m breiten, um vier Innenhöfe angelegten Baukomplex eine in ihrer Schlichtheit sehr noble **Fassade** aus Travertin und Backstein, die keineswegs auf den *Luxus* im Inneren hindeutet. Wahrhaft königlich ist die grandiose **Ehrentreppe**, nicht nur Bühne für das Spanische Hofzeremoniell, sondern mit ihren

Überwältigend: So klein wirken die Betrachter am Fuße von Luigi Vanvitellis gewaltiger Ehrentreppe im Palazzo Reale von Caserta und so groß ist das kollektive Staunen angesichts einer solchen architektonischen Meisterleistung

Gebändigte Natur, versteinerte Dramatik – im Park des Palazzo Reale von Caserta ist alles in schönster barocker Ordnung, belebt wird die Szenerie von Brunnenfiguren

weit ausgreifenden barocken Schwüngen und den sich dadurch ergebenden überraschenden Lichteffekten eine bauliche Meisterleistung.

Ungemein kostbar mit seidenen Wandbespannungen, Marmor, Stuck und Vergoldungen, mit wertvollen Möbeln, Gobelins, Teppichen, Spiegeln, Gemälden und Skulpturen ausgestattet sind die Säle und Hallen. Herausragend der **Thronsaal**, ganz in Weiß und Gold mit den Medaillons der Könige im oberen Fries und einem *farbkräftigen Deckengemälde*. Stürmisch bewegt zeigt sich der Figurenreigen an der Decke des Alexandersaals, wo ›Alexanders Hochzeit mit Roxania‹ als Schaustück zwischen Kriegern und Löwen, Putten und einen Dromedar dominiert.

Ein **Rundgang** führt in die alten und neuen königlichen Gemächer (*Appartamenti Reali*), die *Cappella Palatina* mit der Königsempore und in das bezaubernde **Hoftheater**, in dem verschiedenste raffiniert komponierte Baumaterialien und Lacke die Illusion einer goldenen Innenausstattung vermitteln. Im Krippensaal schließlich steht die viel bewunderte **Weihnachtskrippe** mit Hunderten von äußerst lebendig wirkenden Hirtenfiguren, die von berühmten neapolitanischen Künstlern geschnitzt wurden.

Von Vanvitelli stammen auch die Pläne für den **Schlosspark**. Sohn Carlo Vanvitelli, mit der Ausführung betraut, beschnitt allzuviel barocken Überschwang. Schnurgerade Straßen (Busservice) zwischen exakt ausgerichteten und gestutzten Hecken und Bäumen führen den 3 km langen, abgestuften **Canalone** entlang. Die romantischen Brunnenbecken mit ihrem Skulpturenschmuck avancierten zu barocken Bühnen.

Rechts führt ein Weg in den **Giardino Inglese**, den die Gattin Ferdinands IV., Maria-Theresia-Tochter Marie Caroline, in einer ihrer seltenen Anwandlungen von Romantik mit einem kleinen See, exotischen Pflanzen und künstlichen Ruinen anlegen ließ.

Links vom Hauptweg, in Schlossnähe, steht die **Castelluccia** – und lässt die schwärmerischen Träume wieder zerstieben: Früh sollten die königlichen Prinzen in der runden Spielzeugfestung Kriegsstrategien erlernen.

Praktische Hinweise

Information: EPT, Palazzo Reale, Curso Trieste, Caserta, Tel. 08 23 32 11 37, Fax 08 23 32 63 00

Hotels

****Jolly**, Via Vittorio Veneto 14, Caserta, Tel. 08 23 32 52 22, Fax 08 23 35 45 22, www.jollyhotels.it. Das gepflegte, moderne Haus liegt in der Nähe des Palazzo Reale mit Blick auf den Schlosspark. Die 107 hübschen Zimmer verfügen über Klimaanlage, das Restaurant lockt mit traditionellen Speisen.

****Europa**, Via Roma 19, Caserta, Tel./Fax 08 23 32 54 00, www.hoteleuropacaserta.it. Modernes Hotel in der Nähe der Reggia mit einem Restaurant für einfache Mahlzeiten.

21 Caserta Vecchia

Ein Bergnest, in dem die Zeit stehen geblieben zu sein scheint.

Man müsste einen Hang zum Eskapismus haben, um in Caserta Vecchia leben zu wollen: Mittelalterliche Häuser, zerbrochene Mauern aus braunem Tuffstein, eine malerische *Kastellruine* um einen mächtigen **Rundturm** aus langobardischer Zeit, steinerne Treppengassen, verlassene Gebäude, schiefe Türen in rostigen Angeln bestimmen das Bild des Ortes. Das Dorf, ein Bergnest an den Hängen des **Monte Virgo**, 11 km nordwestlich von Caserta, eine Gründung des 8. Jh., wurde fast aufgegeben, als in der Provinzhauptstadt mit dem Bau der Reggia begonnen wurde.

Ein wahres Kleinod ist der alle Häuser weit überragende **Duomo San Michele** (tgl. 9–13 und 15–19.30 Uhr) an der Piazza Vescovado. In verhältnismäßig kurzer Bauzeit (1113–53) entstand die malerische, trotz ihrer Größe anheimelnd wirkende dreischiffige romanische Kathedrale arabisch-normannischer Prägung, deren mächtige **Kuppel** mit opulenten Steininkrustationen weithin sichtbar ist. Kunsthistorisch wertvoll im **Inneren** des Gotteshauses sind die Grabmäler aus dem 14. Jh., die mit arabischen Mosaiken verkleidete Kanzel und die sich prächtig zum Sternenhimmel wölbende Kuppel.

Praktische Hinweise

Restaurants

Mastrangelo, Piazza Duomo, Caserta Vecchia, Tel. 08 23 3713 77. In einem mittelalterlichen Gebäude beim Dom werden regionale Spezialitäten zubereitet (So geschl.).

Osteria La Medioevale, Via della Valle 10, Caserta Vecchia, Tel. 08 23 37 14 10. Einfache Trattoria in der Altstadt, u. a. köstlicher Mozzarella als Vorspeise (Fr geschl.).

Blick in die Ferne – und eines Tages vielleicht auch in eine blühende Zukunft: Der Duomo San Michele ist ein Relikt aus Caserta Vecchias besseren Tagen

Längs des Miglio d' Oro bis Pompeji – im Angesicht des schönen, gefährlichenVesuv

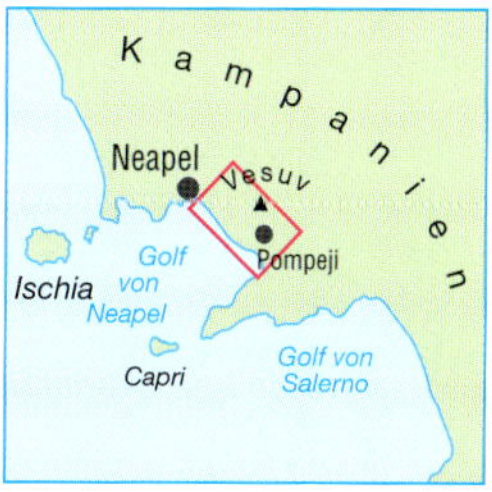

Feuer unter zerbrechlicher Erde: Mit strahlendem Licht, üppig blühender Flora, mit den *Ville Vesuviane* und den untergegangenen, wieder ausgegrabenen römischen Städten **Herculaneum** und **Pompeji** setzt sich die südöstliche Golfküste in Szene. **Il Miglio d' Oro**, die ›Goldene Meile‹ zwischen Neapel und Ercolano, wo einst in großen Parks die prachtvollen *Sommersitze* der neapolitanischen Hautevolee und die *Villen* aus der Bourbonenzeit standen, ist nun dicht mit Alltäglichem verbaut. Der **Vesuv** bedrängt mit seinen Südwesthängen die schmale Küstenebene. Die Orte der Neuzeit, teils über antiken Städten erbaut, gehen fast nahtlos ineinander über. Die schönste und heiterste Landschaft Südeuropas ist zugleich eine der schwermütigsten.

22 Portici

Ein Fürst und ein König veranlassten die ersten Ausgrabungen in den Vesuvstädten.

In Neapel geht die Via Reggia di Portici in die SS 18 über, die parallel zur Autobahn A 3 die Küstenorte miteinander verbindet. Die *Glorie des Barock*, die einst von den Vesuv-Villen ausging, machte Portici zur Attraktion.

Vielleicht suchte der Fürst von Elboeuf, General und großer Stratege, als er sich 1711 von Ferdinando Sanfelice das erste prachtvolle Adelspalais in dieser Gegend bauen ließ, nur Weite und Stille. Der Palast wurde schnell zur Sehenswürdigkeit, die Küste zum Tummelplatz mondäner Neapolitaner. Auch König Karl III. von Bourbon war entzückt, erwarb 1741 die **Villa d'Elboeuf** (nicht zugänglich) und integrierte sie in seinen im Entstehen begriffenen Palazzo Reale, dessen Areal von den Vesuvhängen bis zur Küste reichte. Abgesehen von der Lust, meernah zu wohnen, entfachte der Fürst von Elboeuf auch das Interesse an der **Archäologie**. Angeregt durch Zufallsfunde, ließ er Ausgrabungen nach Plan vornehmen. Karl III. von Bourbon teilte die Vorlieben des Fürsten und initiierte die ersten größeren Grabungen in Herculaneum und Pompeji unter Federführung der archäologischen Accademia Ercolanese. Was zutage gefördert wurde, bildete den Grundstock des ersten **Antikenmuseums** in der königlichen Sommerresidenz von Portici.

Als Karl III. 1759 den spanischen Thron übernahm und Neapel verließ, war zwischen Portici und Torre del Greco bereits eine stattliche **Villenkolonie** entstanden. Mit Karls Sohn Ferdinand, vom Volk als ›Re Nasone‹, ›König Nase‹, verspottet, und seiner durch habsburgische Heiratspolitik vermittelten Ehefrau Marie Caroline zog ein bei der Bevölkerung äußerst unpopuläres Teenagerpaar in die königlichen Paläste. Die Vesuv-Villen litten jedoch nicht unter der unwillkommenen Nachbarschaft.

Sie verloren ihren Glanz erst durch den Bau der der Küstenlinie folgenden *ersten Eisenbahnstrecke* Italiens von Neapel nach Portici im Jahre 1839, wodurch die Villen den direkten Zugang zum Meer einbüßten. Freunde alter Lokomotiven dürften am **Museo Ferroviario Nazionale** (So–Fr 9–13 Uhr, Tel. 0 81 47 20 03) im nahen Pietrarsa, Corso Giovanni a Teduccio, Gefallen finden.

Der **Palazzo Reale** (Besichtigung nach Vereinbarung, Tel. 08 15 67 21 77) ist heute Sitz des Botanischen Instituts der Universität von Neapel. Das äußerlich eher schlichte Gebäude besticht vor allem durch seine prunkvolle Innenausstattung.

◁ *Festgehalten in einer Figur seines Tanzes, als habe auch ihn der Vesuvausbruch überrascht: der Faun im Atrium des nach ihm benannten pompejanischen Hauses*

23 Herculaneum (Ercolano)

Plan Seite 85

Die Stadt des Herakles wurde 79 n. Chr. in einem Schlammstrom begraben.

Ercolano (bis 1969 Resina), laut, betriebsam und eng, 8,5 km südöstlich von Neapel, ist eine Stadt über der Stadt. Viele ihrer Häuser stehen hoch über den Dächern des versunkenen Herculaneum und laufen Gefahr, eines Tages den Ausgrabungsplänen der Archäologen zum Opfer zu fallen.

Geschichte Herakles, der griechische Sagenheld und Halbgott, der durch seine zwölf Arbeiten und andere Abenteuer Aufnahme in den Olymp und Unsterblichkeit erlangte, soll der Sage nach die *Herakleion* genannte Stadt gegründet haben. Die ersten nachweisbaren Bewohner waren *Griechen*, es folgten Osker und Samniter. Die seit 89 v. Chr. endgültig **römische** Stadt Herculaneum beherbergte etwa 5000 Bürger – Händler, Handwerker, Fischer und einige besonders kunstverständige **Patrizier**, die in reich ausgestatteten *Villen* mit Park und Meerblick wohnten.

Am **24. August 79 n. Chr.**, als der Vesuv ausbrach, ging Herculaneum in einem gewaltigen Strom aus Asche, Lapilli und heißem Wasser zugrunde. 20 m hoch türmte sich der Schlamm. Erst gut 1600 Jahre später wurden durch Zufall einige antike Fundstücke geborgen, ab 1738 erfolgten **Ausgrabungen**, die, jedoch erst ab 1927 systematisch im Stollen- und später im Tagebau betrieben, einen Teil der Römerstadt wieder ans Licht brachten. Bis heute wurde nicht ganz die Hälfte von Herculaneum freigelegt. Zu Berühmtheit gelangte auch die nordwestlich der Stadt gelegene, seit März 2003 erstmals der Öffentlichkeit zugängliche **Villa dei Papiri** (nur Sa/So im Rahmen einer Führung zu besichtigen, Tel. 08 18 57 53 47, www.arethusa.net). In diesem riesigen Anwesen wurden eine Bibliothek mit rund 2000 Papyrusrollen und eine Sammlung von über 80 Bronze- und Marmorstatuen gefunden (Museo Archeologico Nazionale, Neapel). Vor Ort sind gut konservierte Fresken und Mosaike zu sehen.

Besichtigung Die Schlammschicht konservierte Gebäude, die noch bis zum ersten Stockwerk stehen, sowie deren Ausstattung mit Mosaiken, Fresken, Brunnen, Mobiliar und Handwerksgerät. Die bedeutendsten **Kunstwerke** – Statuen, Reliefs und die von den Wänden abgelösten Fresken – wurden zum besseren Schutz nach Neapel ins *Museo Archeologico Nazionale* gebracht.

Die Antike vor der Haustür – die Gebäude des neuzeitlichen Ercolano drängen sich am Rande der berühmten Ausgrabungsstätte

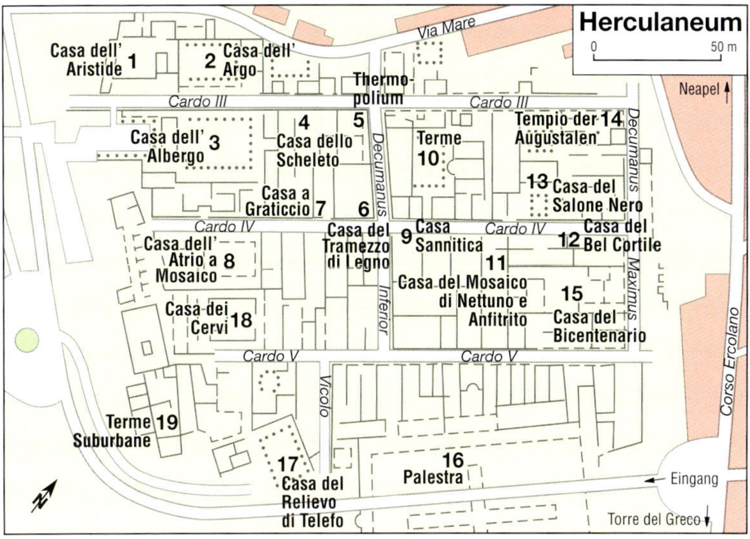

TOP TIPP

Dank der Ausgrabungen sind die Straßen von **Ercolano Scavi** (April–Okt. tgl. 8.30–19.30 Uhr, Nov.–März 8.30–17 Uhr, letzter Einlass jeweils 90 Min. vor Schließung, Tel. 08 18 57 53 47) deutlich zu erkennen. Sie bilden ein regelmäßiges Netz nord-südlich verlaufender *Cardines* und ost-westlich verlaufender *Decumani*, sich kreuzender Haupt- und Nebenstraßen, die rechteckige *Insulae* begrenzen. Die wichtigsten Sehenswürdigkeiten liegen im Bereich der Cardines III, IV und V.

Ein **Rundgang** führt zunächst über die breite Allee und eine Rampe, die einen guten Überblick über die Ausgrabungen bietet. Geht man den *Cardo III* entlang, findet man links die **Casa dell' Aristide** [1], wahrscheinlich ehemals ein Wohn- und Lagerhaus, und knapp dahinter die **Casa dell' Argo** [2]. Als man sie 1828 ausgrub, entdeckte man im säulenumgebenen Gartensaal ein großes *Wandgemälde*, das den vieläugigen Argos und die von ihm bewachte Io zeigte. Wie so vieles andere ist es zur Seite geschafft worden und auf geheimnisvollen Wegen verschwunden. Schräg gegenüber steht die große, aber stark zerstörte **Casa dell' Albergo** [3], ein mächtiges Stadthaus mit Thermen, Garten und Terrassen, das sich bei Eintritt der Katastrophe wahrscheinlich gerade in Umbau befand. Vorbei an der **Casa dello Scheleto** [4], dem Haus des Skeletts, dessen schönes Sacellum (Kapellenheiligtum) überaus zarte *Mosaiken* zeigt, gelangt man auf den Decumanus Inferior.

Das **Thermopolium** [5], der ›Laden an der Ecke‹, zeugt von dem Alltagsleben einer Kleinstadt mit gut entwickelter Infrastruktur. Hier konnten die Bürger im Vorbeigehen einen Imbiss und kalte oder heiße Getränke zu sich nehmen.

Am Decumanus Inferior, an der Kreuzung zum Cardo IV, liegt die ungewöhnliche **Casa del Tramezzo di Legno** [6]. Dieses Haus mit der hölzernen Trennwand ist eine große Villa von *samnitischem* Typus. Mit einiger Fantasie kann man sich ausmalen, wie die Trennwand zwischen Atrium und Empfangsraum von Sklaven beiseite geschoben wurde und den Blick auf das weiße Marmormosaik am Fußboden freigab. Vielleicht bildete die benachbarte **Casa a Graticcio** [7], die ganz in der *Opus Craticium* genannten Flechtwerkbauweise errichtet wurde (man füllte Holzrahmen mit Kleinmaterial auf), einst einen herben, ärmlich wirkenden Kontrast zur Umgebung. Heute gilt dieses Fachwerkhaus als architektonische Besonderheit.

Einen kurzen Weg über den südlichen Cardo IV belohnt die **Casa dell' Atrio a Mosaico** [8]. In der geräumigen Villa mit ihren Marmorfußböden, den hübschen Fresken und der verglasten Veranda hätte man selbst gerne gewohnt – und im stuckgeschmückten Prunksaal Gäste bewirtet, im Garten geträumt.

Die nordwärts am Cardo IV gelegene **Casa Sannitica** [9], eines der ältesten Ge-

Zeugnisse einer großartigen Vergangenheit: mythologische Wandbilder in der antiken Casa del Mosaico di Nettuno e Anfitrito

bäude der Stadt, gibt mit ihrer reichen Stuck- und Freskendekoration (Reste des 1. Stils) und dem besonders gut erhaltenen Obergeschoss Einblick in die Wohnkultur der vorrömischen Epoche. Schräg gegenüber nehmen die **Terme** [10], aus Männer- und Frauenbad bestehend und mit einer großzügigen Palestra, viel Platz ein. Reizvoll fügt sich das wunderbare *Triton-Mosaik* in den Umkleideraum des Frauenbades.

Als warteten die beiden Grazien ängstlich auf ihre Gefährtin – Wandmalerei im Tempio der Augustalen

Die ebenfalls am Cardo IV befindliche **Casa del Mosaico di Nettuno e Anfitrito** [11] vermittelt noch einen Eindruck vom eleganten Stil eines römischen Wohn- und Geschäftshauses. Sie gehörte einem wohlhabenden Öl- und Weinhändler, dessen Laden und Lager mit Warenregalen und Tonkrügen erhalten geblieben sind. Das kunstvolle *Mosaik*, das dem Haus den Namen gab, findet man im Sommer-Triclinium.

Wer auch immer die **Casa del Bel Cortile** [12], das Haus mit dem schönen Hof, erdacht haben mag, hatte wohl Freude am Ungewöhnlichen, so z. B. an dem intimen, etwas erhöht gelegenen Hof mit Mosaikboden, der über eine elegante Treppe mit dem Obergeschoss verbunden ist. Typisch für den Hausbau in augusteischer Zeit scheint die **Casa del Salone Nero** [13] zu sein, das Haus mit dem schwarzen Salon. Der Besitzer, dessen Name mit L. Venidius Ennychus angegeben wird, ließ den großen Saal im ornamentalen Stil auf schwarzem Grund ausmalen. Dieser so genannte **4. Stil** [s. S. 97] der *pompejanischen Wandmalerei* war erst ab 54 n. Chr. üblich und so muss man wohl annehmen, dass sich der Hausherr nicht lange an den Malereien erfreuen konnte.

Geht man von hier den Decumanus Maximus nach links, ist am Nordende des Cardo III der **Tempio der Augustalen** [14] zu sehen, welche mit der Pflege des Kaiserkults betraut waren. Bemerkenswert sind die hier vor allem dachtragenden Säulen, der mit einem Marmormosaik ausgelegte Boden und die Fresken, die das durch die Deckenöffnung einfallende Licht erhellt.

Das Haus der Zweihundertjahrfeier, die **Casa del Bicentenario** [15], wurde 1938, 200 Jahre nach Beginn der Ausgrabungen, am Decumanus Maximus freigelegt. Auch der Herr dieses Hauses konnte Wandmalereien und wunderschöne Bodenmosaiken nicht lange genießen. Als Besonderheit gilt hier der *kreuzförmige Wandabdruck* im Obergeschoss. Seine populäre Interpretation als Symbol frühen Christentums entbehrt jedoch jeglicher historischen Grundlage.

Dem Cardo V nach Süden folgend, gelangt man linker Hand zur nur teilweise freigelegten **Palestra** [16], zu der an der Straßenseite auch Bäckereien und Weingeschäfte gehörten. Der Bronzebrunnen mit der fünfköpfigen Schlange im Sportpalast ist eine Kopie (Original im Museo Archeologico Nazionale, Neapel). Weiter südlich am Cardo V, nach einer Gruppe von Läden und Werkstätten, trifft man auf die **Casa del Relievo di Telefo** [17], das Haus mit dem Relief des Telephos. Nichts ist über den Besitzer eines der *luxuriösesten Häuser* in Herculaneum bekannt. Das säulenumschlossene Atrium leitet den Eintretenden in einen zauberhaften Peristylgarten, auf eine Terrasse mit Blick über den Golf und in einen eleganten, marmorgeschmückten Raum. Das berühmte *Relief*, das den Mythos des Telephos erzählt, wurde in einem der meerseitigen Zimmer gefunden (heute im Museo Archeologico Nazionale, Neapel).

Ebenfalls im Nobelviertel befindet sich die prunkvolle **Casa dei Cervi** [18], das Haus der Hirsche. Man hat es erst kurz vor dem Vesuvausbruch gebaut. Seinen Namen erhielt es nach der berühmten *Skulpturengruppe* im Garten. Alle im Haus gefundenen Marmorstatuen sowie die überaus zahlreichen Tafelbilder befinden sich längst im Archäologischen Nationalmuseum. Zu bewundern gibt es hier jedoch noch die schwarzgrundigen Fresken im Triclinium (später 4. Stil) und die kostbaren Marmorböden.

Über eine Rampe am Ende des Cardo V gelangt man in die einstige Vorstadt. Die **Terme Suburbane** [19] zeigen noch kostbaren Marmor- und Mosaikschmuck. Die ganze Tragik des Ortes eröffnet der Blick in die Bootskammern am erst vor wenigen Jahren freigelegten *Strand*. 1982 wurden hier 120 Skelette von Menschen gefunden, die vergeblich versucht hatten, sich vor der Katastrophe aufs Meer in Sicherheit zu bringen.

Einen Kontrapunkt zur antiken Stadt stellen die schönen *spätbarocken Villen* Ercolanos dar. Die 1744 nach einem Ent-

Die große Geste des Spätbarock – Atrium der Villa Campolieto bei Herculaneum

wurf von Luigi Vanvitelli erbaute **Villa Campolieto** (Corso Resina 283, Mo–Fr 8–12 Uhr, Tel. 08 17 32 21 34) ist hübsch renoviert und wird für kulturelle Zwecke genutzt. Das Gebäude, das vor allem durch seine großartige zweiläufige Treppenanlage und die mächtige Zentralkuppel beeindruckt, umschließt ein Atrium von beträchtlicher Größe. Die **Favorita** (Corso Resina 291, nicht zugänglich), ein Schloss mit Maß und Anmut, sollte Königin Marie Caroline an das heimatliche Schönbrunn erinnern.

Praktische Hinweise

Information: Ufficio Touristico Ercolano, Via Quattro Novembre 89, Herculaneum, Tel. 08 17 88 12 43.

Hotels

********Puntaquattroventi****, Via Marittima 59, Herculaneum, Tel. 08 17 77 30 44, Fax 08 17 77 37 57. Angenehmes Hotel mit Pool und einfachem Restaurant.

*****Santa Teresa**, Corso Vittorio Emanuele 88, Herculaneum, Tel. 08 18 81 30 26, Fax 08 18 81 79 21, www.villasantateresa.it. In einem großen Park am Miglio d' Oro gelegene Villa mit 44 schönen Zimmern.

Restaurant

Pizzeria Campolieto, Corso Resina 370, Herculaneum, Tel. 08 17 39 64 98. Einfache, gute Pizzeria mit freundlichem Service.

24 Vesuv (Vesuvio)

Ein schlafender Riese mit verheerenden Aufwachphasen.

Alle Veduten des Golfo di Napoli beherrscht *Il Vesuvio*. Dabei wirkt er weder besonders malerisch, noch ist er, trotz gelegentlicher Schneehaube im Winter, alpin oder spektakulär. Der *einzige Vulkan* auf dem europäischen Festland bedarf der Effekte wechselnden Lichts, um reizvolle Konturen zu bekommen. Der zweigipfelige Schichtvulkan – **Monte Somma** 1110 m und **Vesuvio** 1178 m –, der seit 1944 ohne seine charakteristische weiße Rauchfahne auskommen muss, fasziniert durch *Widersprüchlichkeit*. So ist er verantwortlich für die große Fruchtbarkeit der Landschaft, ermöglicht überhaupt erst Obstbaum- und Weinpflanzungen in dieser Gegend – und brachte doch immer wieder Tod und Verderben über Städte und Menschen im weiten Umkreis.

Der **vernichtende Ausbruch** vom 24. August 79 n. Chr. veränderte vieles: Er brachte nicht nur Zerstörung und tausendfachen Tod, er verwandelte auch den Berg selbst und die Geographie der Umgebung. Der Caldera-Ring brach auf, Teile des ursprünglichen Somma-Vulkans wurden abgesprengt, ein Tochtervulkan, der heutige Hauptgipfel Vesuvio, entstand und *Täler* wie Valle del Gigante und Valle dell' Inferno tieften sich neu ein. Fast 2 km weit wurde die *Küstenlinie* in das Meer hinausgeschoben und die

Ein Muss für jeden Wandererder Krater des Vesuv, der einst Feuer und Asche spie

Bergauf – Ströme von Touristen bewegen sich die Hänge des Vesuv empor

Wälder gingen im Lava- und Schlammstrom zugrunde.

In unregelmäßigen Abständen ereigneten sich **weitere starke Eruptionen**, die gewaltigste im Jahr 1500: Damals wurde die Asche des Vulkans bis nach Istanbul und an die Küste Nordafrikas getragen. 1631 vernichteten erneut glühende Lavaströme fast alle Dörfer im Umkreis. Seit nunmehr beinahe 2000 Jahren ist der Vesuv nie wirklich zur Ruhe gekommen. 1794, 1906, 1913 und 1944 fielen seinen Ausbrüchen neuerlich Ortschaften und Kulturland zum Opfer.

Vulkanologen des **Osservatorio Vesuviano** auf dem Colle dei Canteroni (Via Diocleziano 328, Besichtigung des Museums Sa/so 9–14 Uhr, Tel. 08 16 10 84 83) verfolgen die nun schon annähernd 60 Jahre währende Inaktivität des Vulkans mit besonderem Argwohn. Dem schlafenden Riesen ist einfach nicht zu trauen und tatsächlich entdeckten Forscher 2001 ein rund 400 km^2 großes Magmabecken unter dem Vesuv, ›Zündstoff‹ für einen zukünftigen – vielleicht nicht allzu fernen – Ausbruch.

Die breite **Strada del Vesuvio** führt von Ercolano kehrenreich bis zum *Parkplatz* in 1017 m Höhe. Von hier aus steigt man in etwa 20 Min. über Lavaschotter zum **Kraterrand** hinauf. Das Betreten des Kraters selbst ist streng verboten. Man blickt in den tiefen rostroten und weißfleckigen Schlund, wo unter einer erstarrten Lavadecke in mehreren Kilometern Tiefe noch immer viele Millionen Kubikmeter Magma brodeln.

Fulminant ist die **Aussicht** bei klarem Wetter: Der Golf und die Inseln ruhen ganz in Blau. Hier vermeint man auch heute noch die Gegenwart des griechischen Gottes der Meerbläue, Glaukos Pontios, zu spüren.

25 Torre del Greco

Kameen und Korallen.

Unruhig gebettet an den Südwestfuß des Vesuv, fiel Torre del Greco, nach dem Weißwein Greco benannt, mehrfach zerstörerischen Lavaströmen zum Opfer. Als hätten die *Korallenfischer* seit Jahrhunderten wirkliche Schönheit nur unter Wasser gefunden, schenkten sie ihrer Stadt geringe Aufmerksamkeit. Sie wirkt wenig anziehend, man hat sie stets lieblos erneuert, die Häuser scheinen wie auf Abruf gebaut.

Aufmerksamkeit verdient aber das **Museo del Corallo e dei Cammei Basilio Liverino** (Piazza Palomba 6, Mo–Fr 8.15–13 und 14.30–18, Sa 8.30–13 Uhr, Tel. 08 18 81 12 25). Es ist Teil des *Istituto Statale d'Arte*, in dem die künstlerische Verarbeitung von Edelsteinen und Korallen zu Schmuck gelehrt wird.

Berühmt ist Torre del Greco auch für seine **Festa dei Quattro Altari** eine Woche nach Fronleichnam, wenn an vier wichtigen Straßenkreuzungen riesige, mit Mosaiken und Korallen geschmückte Altäre errichtet werden.

i Praktische Hinweise

Hotels

******Sakura**, Via de Nicola 26/28, Torre del Greco, Tel. 08 18 49 31 44, Fax 08 18 49 11 22. Sehr komfortables Haus mit einem wunderschönen Park, Swimmingpool und Meerblick.

*****Marad**, Via San Sebastiano 24, Torre del Greco,Tel./Fax 08 18 49 21 68, www.marad.it. Modernes Hotel mit schönem Schwimmbad im Garten.

Restaurant

Peppe sott' o Ponte, Parco Vallelonga, Torre del Greco, Tel. 08 18 81 34 45. Regionale Spezialitäten und köstliche Fischgerichte (Di geschl.).

26 Torre Annunziata

Zwei römische Villen.

Heutzutage ist Torre Annunziata ein Zentrum der Pasta-Industrie. Die Vergangenheit des Ortes war geprägt von sieben verheerenden Vesuvausbrüchen. Gewaltig war die Lava- und Schlammdecke, unter der das römische Oplontis begraben wurde.

Systematische Grabungen in den **Scavi di Oplontis** (Via Sepolcri, April–Okt. tgl. 8.30–16.30 Uhr, Nov.–März 8.30–15.30 Uhr) haben seit 1964 zwei bedeutende *Villen* zutage gefördert. Die ältere wurde nach ihrem Besitzer benannt; es handelt sich um das großzügig angelegte Wohnhaus des L. Crassius Tertius, das dieser im 2. Jh. v. Chr. wohl inmitten eines ertragreichen Weingutes errichten ließ. In der Villa selbst beeindruckt architektonisch vor allem das prächtige Peristyl mit seinen beiden Säulenreihen.

Ein Hauch von Verruchtheit liegt dagegen noch immer über der **Villa Poppaea**. Die Vermutung, sie könne der Familie von Neros zweiter Ehefrau Poppaea Sabina gehört haben, erscheint berechtigt. Poppaea, zunächst Mätresse Neros, war schön, schrankenlos ehrgeizig und über die Maßen habgierig. Nicht zuletzt unter ihrem Einfluss entwickelte sich Nero zum Tyrannen, ließ er seine erste Ehefrau Oktavia und die Mutter Agrippina ermorden. Doch Poppaea Sabina fiel schließlich ihren eigenen perfiden Machenschaften zum Opfer: Nach nur drei Jahren Ehe mit Nero starb sie an den Folgen eines Fußtritts, den ihr der zum brutalen Despoten verkommene kaiserliche Gemahl versetzt hatte.

Der Schauplatz dieses einstigen mörderischen Treibens ist ein weitläufiger, bis

◁ *Vorsicht, hier kein Eingang! Scheinarchitekturmalerei in der Villa Poppaea von Torre Annunziata*

Seit 2000 Jahren bemüht er sich vergeblich, die Birne zu erhaschen – naturgetreues Vogel-Fresko in der Villa Poppaea von Torre Annunziata

heute nur teilweise freigelegter, überaus kunstfertiger **Gebäudekomplex**, geschmückt mit zarten, verspielten *Fresken* und eindrucksvollen *Trompe-l'oeil-Gemälden*. Die Wohnräume sind im 2. und 3. Stil der pompejanischen Wandmalerei gestaltet und zeigen wunderschöne perspektivische *Architekturdarstellungen* mit eingefügten Ornamenten.

i Praktische Hinweise

Information: Scavi di Oplontis, Via Sepolcri, Torre Annunziata, Tel./Fax 08 18 62 31 63

Hotel

*****Grillo Verde**, Piazza Imbriani 19, Torre Annunziata, Tel./Fax 08 18 6112 90, www.hotelgrilloverde.it. Hotel mit Restaurant, Garten und Thermalbad.

27 Pompeji (Pompei)

Plan Seite 92/93

Idylle und Inferno: Ihr Untergang hat die Stadt berühmt gemacht, heute ist sie ein Museumspark der Antike.

Pompeji liegt an der Autobahn Neapel–Salerno und an der SS 18, die sich bei Torre Annunziata landeinwärts wendet.

Das Hauptinteresse der Besucher gilt dem **antiken Pompeji**, das zur Zeit seines Untergangs eine wohlhabende, lebensfrohe römische Stadt mit schönen Patrizierhäusern und Wirtschaften, Tempeln, Läden und Freudenhäusern, Thermen und Theatern war. Das **Stadtensemble**, das mit einem Schlag verschüttet wurde und daher vollständig erhalten blieb, stellte die Archäologie vor ganz neue, ebenso umfangreiche wie reizvolle Aufgaben. 7 m hoch war die Asche- und Bimssteinschicht, mit der die Gebäude durch die schreckliche Vesuveruption bedeckt wurden.

Geschichte Osker, Griechen, Etrusker und Samniter besiedelten die Ausläufer des prähistorischen Lavastroms am Sarno. 80 v. Chr. wurde Pompeji *römische Kolonie*. Die Stadt in der fruchtbaren Ebene florierte, Handel und Handwerk blühten, der Verkehr im Hafen war rege, reiche Römer bauten in der paradiesischen Region *luxuriöse Villen*. 63 n. Chr. wurde die Stadt durch ein äußerst heftiges Erdbeben, das ganz Kampanien heimsuchte, weitgehend zerstört. Die Wiederaufbauarbeiten waren noch nicht beendet, als sich 79. n. Chr. der verheerende **Vulkanausbruch** ereignete. Die Stadt verschwand für Jahrhunderte unter einer gewaltigen Aschendecke und geriet in Vergessenheit. 1594 machte man erste **zufällige Funde**, doch erst im 18. Jh., während der Herrschaft der Bourbonenkönige, wurden *Grabungen* im eigentlichen Sinne unternommen. Unter Leitung von Amadeo Maiuri hat man nach dem Ersten Weltkrieg drei Fünftel der Stadt, die sich über 66 ha erstreckt, wieder ans Licht gebracht.

Erhebliche Schäden verursachte ein Erdbeben im Jahre 1980. Der Erhaltungszustand der ›Stadt ohne Dächer‹ ist bis heute Besorgnis erregend, Bausubstanz und Wandmalereien bedürfen der Restaurierung. Ein Hoffnungsschimmer war die Ernennung Pompejis (zusammen mit Herculaneum und Torre Annunziata) zum Weltkulturerbe der UNESCO 1997. Die Ausgrabungen der letzten Jahre schließlich konzentrierten sich auf die Bereiche um die Stadtmauer, entdeckt wurde u.a. die Casa di Giulio Polibio.

Besichtigung Archäologen haben die antike Stadt in neun *Regiones* und diese wiederum in *Insulae* unterteilt. Sich rechtwinklig kreuzende, mit vulkanischem Basalt gepflasterte *Vie* zwischen hohen Gehsteigen bilden ein leicht überschaubares **Straßennetz**. Wiewohl vor allem die Hauptgeschäftsstraße *Via dell' Abbondanza* zum Bummeln einlädt, lohnen sich auch viele Nebenwege.

TOP TIPP Durch das Stadttor **Porta Marina** [1] betritt man **Pompei Scavi** (April–Okt. tgl. 8.30–19.30, sonst bis 17 Uhr, www.pompeionline.net). Im **Antiquarium** [2] rechts hinter der Porta werden Grabungsfunde aus vorsamnitischer, samnitischer und römischer Zeit gezeigt. Gleichermaßen faszinierende wie makabre Exponate sind die *Gipsmenschen* von Pompeji. Als ihre Körper verwesten, entstanden Hohlräume in der verfestigten Aschenschicht. Archäologen ließen jene mit Gips ausgießen und machten damit auf gespenstische Weise die gekrümmten Gestalten der Opfer im Augenblick ihres Todes wieder sichtbar.

Links neben der Via Marina wurden 2002/2003 die **Terme Suburbane [3]** mit bemerkenswerten erotischen Fresken in den Umkleideräumen wieder ans Tageslicht gebracht.

Durch die Porta Marina kommt man in den ältesten Teil der Stadt, auf den einst von einer doppelten Säulenreihe mit Kaiserstatuen umgebenen **Foro Civile** [4], wo sich alle öffentlichen Hauptgebäude befanden. In der großen **Basilica** [5], die 130 – 120 v. Chr. entstand, knapp 200 Jahre später beim großen Erdbeben einstürzte und zur Zeit des Vesuvausbruchs noch nicht wieder völlig aufgebaut war, wurden Gerichtsverhandlungen und Geldgeschäfte abgewickelt. Ihre Fensterreihe gibt den Blick auf den bereits in

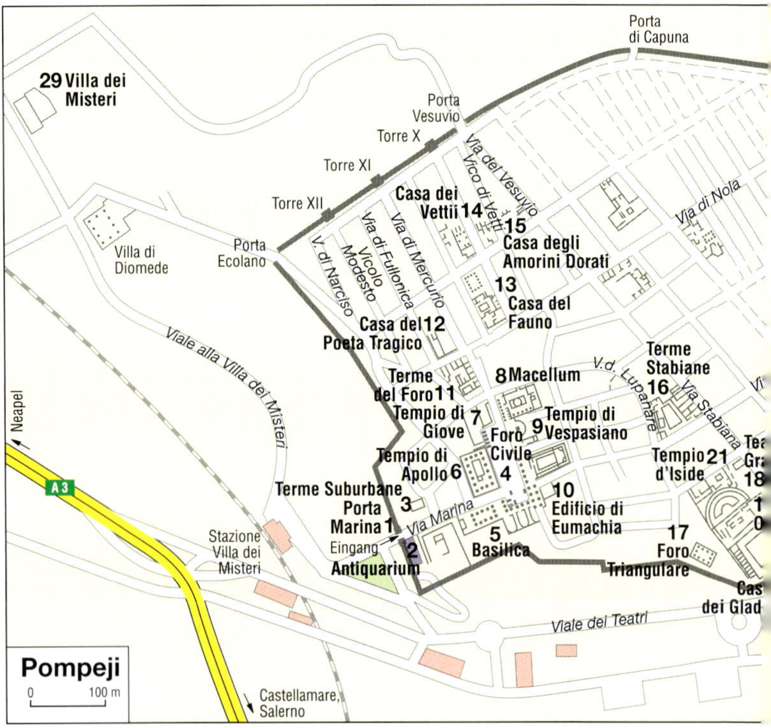

Von Asche befreit sind Wege und Häuser – Pompeji lädt knapp zwei Jahrtausende nach der Katastrophe zu einem besinnlichen Frühlingsspaziergang ein

vorrömischer Zeit gegründeten **Tempio del Apollo** [6] frei, in dessen römisch-etruskischen Überresten sich heute die Kopien der Statuen des bogenschießenden Apoll und der Diana gegenüberstehen. Einen Ehrenplatz nimmt der dem Kult Jupiters, Junos und Minervas geweihte, noch in samnitischer Zeit entstandene **Tempio di Giove** [7] ein. Man erkennt ihn an den seitlichen Triumphbögen, die, obwohl längst ihrer Marmorverkleidung beraubt, immer noch edel wirken. Das **Macellum** [8] muss man sich als überdeckte Markthalle vorstellen mit zahlreichen Fleisch- und Fischständen und voller Händler, die Gemüse und Obst aus den pompejanischen Gärten verkauften. Gleich hinter dem Forum steht das kleine Heiligtum des **Tempio di Vespasiano** [9]. Er ist der wahrscheinlich jüngste Bau dieses Areals. Der Marmoraltar im Hof trägt ein Relief mit der Darstellung eines Stieropfers. Eine besonders edle Türumrahmung aus marmornen Akanthusranken besitzt der **Edificio di Eumachia** [10] aus augusteischer Zeit. Stiftungsinschriften weisen die Venus-Priesterin Eumachia aus der einflussreichen Weinhändlerfamilie der Eumachii als Bauherrin aus.

Die Via delle Terme erschließt mit ihren Seitengassen die Regio VI. Ausgangspunkt für die Erkundung dieses Bezirks sind die zentral gelegenen Forumsthermen **Terme del Foro** [11]. Hier ließ man sich nach getaner Arbeit im *Caldarium*, dem heißen Bad, im *Tepidarium*, dem lauwarmen Bad mit schönen Stuckarbeiten, oder im *Frigidarium*, dem kalten Bad, verwöhnen.

Nördlich der Thermen findet man eine Reihe besonders schöner Villen. Durch ei-

Säulenfragment im Apollotempel von Pompeji – es gibt Katastrophen, gegen die auch die Götter machtlos sind ...

nen Seiteneingang betritt man nun die **Casa del Poeta Tragico** [12], das Haus des Tragödiendichters. Auf diese Weise wird das berühmte *Mosaik* eines Hundes mit der Inschrift ›Cave Canem‹ (›Achtung vor dem Hund‹) im Haupteingang geschont.

Am Vicolo del Fauno steht die einst luxuriöse, mit üppigsten Dekorationen versehene **Casa del Fauno** [13], eines der glanzvollsten pompejanischen Domizile. Die Inschrift ›Ave‹ – ›Sei gegrüßt‹ – bittet in das Innere des 1830 entdeckten Hauses mit seiner teilweise noch gut erhaltenen Ausstattung. Die *Bodenmosaiken*, darunter die weltbekannte **›Alexanderschlacht‹** aus der Exedra, wurden ins Archäologische Nationalmuseum von Neapel gebracht. Auch die berühmte Plastik des *tanzenden Fauns* im Atrium ist nur mehr eine Kopie.

Zwei reiche Kaufmannsbrüder waren die Besitzer der besonders gut erhaltenen **Casa dei Vettii** [14] mit der prächtigen Fassade am Vicolo di Mercurio. Hier wurde maßvoll rekonstruiert, die **Wandmalereien**, u. a. erotische Szenen in den Salons und mythologische Darstellungen im Speisezimmer, blieben an ihrem Platz. Zauberhaft ist auch der von Säulen umgebene, schön bepflanzte *Innenhof* mit Putten und Wasserbecken.

Ganz in der Nähe, ebenfalls am Vicolo di Mercurio, steht die **Casa degli Amorini Dorati** [15], das Haus der vergoldeten Amoretten. Wahrscheinlich wurde es zur Zeit Neros für die Familie seiner Gemahlin Poppaea errichtet. Kunstsinn verraten die namengebenden, in runde, vergoldete Glasscheiben eingeritzten Amoretten (Museo Archeologico Nazionale, Neapel).

Über die Via Stabiana gelangt man zu den **Terme Stabiane** [16] an der Ecke zur Via dell'Abbondanza. Der Kern der gut erhaltenen Anlage geht auf das 4. Jh. v. Chr. zurück. Zentraler könnte ein Freizeitdorado mit Sportplatz, Übungshallen und Reinigungsbädern gar nicht liegen.

Jenseits der Via dell' Abbondanza führt die Via dei Teatri zum **Foro Triangulare**

Nur noch das Licht flutet durch die Badehäuser von Pompejis Terme di Foro

Engelsgleiche Putten bei der Arbeit in der Weinkellerei – ein Detail der anmutigen, genrehaften Wandmalereien der Villa dei Misteri

[17], das – ehrwürdig und uralt – noch ionische Säulenreste und beschädigte Kapitelle eines dorischen Tempels aus dem 6. Jh. v. Chr. vorzuweisen hat. Von Griechen in den Hang gebaut, von Römern mehrmals verändert, mit einem Sonnensegel bestückt, dessen Halterungen noch zu sehen sind, hat das **Teatro Grande** [18] den Charme von einst nicht eingebüßt. Konzerte, Kino- und Theateraufführungen beleben das Halbrund, das von kerzengeraden Zypressen wunderschön gerahmt wird. An das Große Theater schließen das intime, für Musikaufführungen genutzte **Odeum** [19] und gegen Südosten die Gladiatorenschule **Caserma dei Gladiatori** [20] an, heute ein weiter, grüner, säulenumstandener Platz.

Über die Via Stabiana in Richtung Via dell'Abbondanza zurückkehrend, findet man rechts den **Tempio d'Iside** [21], ein kleines, der ägyptischen Gottheit Isis geweihtes Heiligtum, in dem das heilige Wasser des Nils aufbewahrt wurde, und ein paar Schritte jenseits des Vicolo di Tesmo die **Casa del Criptoportico** [22]. Das Haus wurde mitten im Umbau verschüttet, die Vorstellungen der Besitzer, neben dem Freskensaal auch eine kleine Promenade vom Weinkeller zum Triclinium im Freien anlegen zu lassen, blieben ein Wunschtraum.

Die Via dell'Abbondanza führt weiter nach Nordosten zur **Casa di Trebius Valens** [23], dem Haus eines cleveren Mannes, der Fassadeninschriften zur Wahlwerbung benutzte, und zur **Casa di Loreius Tiburtinus** [24] mit wunderschönen Fresken und einer Gartenanlage, in der einst Wasserfontänen ersehnte Kühle spendeten.

Die **Casa della Venere** [25] wurde durch das Monumentalfresko ›Venus in der Muschel‹ bekannt, das aus der Zeit unmittelbar vor dem Untergang der Stadt stammt. Benachbart ist der großartige Komplex der **Villa Giulia Felice** [26]. Die ›glückliche Julia‹ regierte über ihr ganz persönliches Reich von Wohnräumen und Thermen, von Läden, Gaststätten und Mietwohnungen. Heute hängen die Bilder aus den privaten Gemächern der einstigen Besitzerin im Musée du Louvre von Paris.

Der Lust am Sport und der Freude an der Bewegung war die **Palestra** [27] gewidmet. In ihrer Nachbarschaft, an der Stadtmauer, befindet sich das älteste erhaltene römische **Anfiteatro** [28], einst einzigartig in Größe und Ausstattung. Es fasste 20 000 Zuschauer und nicht einmal Rom selbst konnte seiner Bevölkerung damals mehr bieten, denn das Colosseum wurde erst nach dem Untergang Pompejis fertig gestellt.

Außerhalb des Grabungsgeländes setzt die **Villa dei Misteri** [29] am gleichnamigen Viale einen grandiosen Schluss-

◁ *Touristenmarathon an einem ganz normalen heißen Tag in den Straßen von Pompeji*

punkt. Berühmtheit genießt dieses wahrscheinlich kaiserliche Landhaus wegen des 3x17 m großen, eindrucksvollen **Bilderzyklus'**, der das Triclinium mit antikem Leben erfüllt. Wie auf einer Bühne erscheinen 29 bewegte, lebensgroße Figuren vor leuchtend pompejanischrotem Grund. Sie stellen Szenen aus den dionysischen Mysterien dar. Die Wissenschaftler sind uneins, doch die Deutung des Freskos als künstlerische Umsetzung der Initiation einer Braut in den Dionysos-Kult hat vieles für sich.

i Praktische Hinweise

Information: EPT, Via Sacra 1, Pompei, Tel. 08 18 50 72 55, Fax 08 18 63 24 01. Archäologische Leitung, Piazza Porta Marina Inf.12, Pompei, Tel. 08 18 61 07 44, www.pompeiisites.org

Hotels

*****Del Sole**, Via Plinio 15, Pompei, Tel. 08 18 63 90 55, Fax 08 18 63 17 00. Angenehmes Haus nicht weit vom antiken Pompeji.

*****Forum**, Via Roma 99, Pompei, Tel. 08 18 50 11 70, Fax 08 18 50 61 32, www.hotelforum.it. Komfortables Hotel mit Restaurant (köstliche Torten!) in der Nähe der Ausgrabungsstätte.

*****Villa Laura**, Via della Salle 13, Pompei, Tel. 08 18 63 10 24, Fax 08 18 50 48 93. Klassisch eingerichtetes Hotel in Bahnhofsnähe, ohne Restaurant.

Restaurants

Il Principe, Piazza Bartolo Longo 8, Pompei, Tel. 08 18 50 55 66. Sehr stilvolles, hochgelobtes Restaurant im Zentrum (So abend, Mo geschl.).

President, Piazza Schettino 12/13, Pompei, Tel. 08 18 50 72 45. Meeresfrüchtespezialitäten und andere fantasievolle Gerichte (So abend, Mo geschl.).

Nur teilweise ist Gras gewachsen über die Erinnerung an die Spektakel im Anfiteatro von Pompeji, dem größten seiner Zeit

Eine farbenprächtige Bildgeschichte – dionysisches Fresko der Villa dei Misteri

Die bunten Wände von Pompeji

Die 79 n. Chr. in Asche und Lava begrabenen, aber durch die meterdicke Schicht auch konservierten Wandmalereien in den wieder ans Licht gebrachten Villen Pompejis vermitteln uns heute einen lebendigen Einblick in die **Malereistile** einer glanzvollen römischen Epoche. In einer Zeitspanne von etwa 250 Jahren, zwischen 150 v. Chr. und der großen Katastrophe, weist die pompejanische Kunst vier voneinander zu unterscheidende Phasen auf:

Der **1. Stil**, auch Inkrustations- oder Strukturstil genannt (150–80 v. Chr.), fiel noch in die zweite samnitische Periode und stand griechischen Vorbildern sehr nahe. Sein wesentliches Merkmal waren die in Malerei umgesetzten architektonischen Wandelemente, die eine Illusion marmorverkleideter Innenräume vermittelten. In lebhaften Farben, in Ocker, Pompejanischrot, in Schwarz und Blau wurde das Quaderwerk aus Stuck getönt.

Der **2. Stil** oder Illusionsstil (80–27 v. Chr.) zeichnete sich durch perspektivische Scheinarchitekturdarstellungen aus, die Größe und Weite der Räume suggerierten. Erstmals gegen Ende der republikanischen Periode tauchten **mythologische** und **landschaftliche Szenen** an den Wänden auf. Zugleich wurden gesamte Wandflächen zwischen Sockel und Gesims mit fortlaufenden Bildgeschichten, z. B. in der Villa dei Misteri, bemalt.

Im **3. Stil** – zwischen 27 v. Chr. und 54 n. Chr., in der ersten Kaiserzeit – wandelten sich die scheinarchitektonischen Elemente zum zarten **Ornament**. Rahmen, Säulen, Kuppeln und Baldachine rückten die Wandbilder – Nachbildungen griechischer Tafelgemälde – in den Vordergrund. Bei den Farben dominierten kräftiges Rot und Schwarz. Als Motive dienten Episoden aus Mythologie und Geschichte sowie die märchenhafte Welt der neu erworbenen Provinz Ägypten.

Der **4. Stil** oder Ornamentale Stil (54–79 n. Chr.) fiel mit seinen Hauptwerken in die hektische Aufbauphase nach dem Erdbeben von 63 n. Chr. und nahm alle Elemente des 2. und 3. Malstils auf. Mit Improvisationslust steigerte er sie ins **Barocke**, **Theatralische** und gab den häufig die ganze Wand einnehmenden Darstellungen durch Gelb- und Goldtöne eine ausgeprägte Farbigkeit.

SOCIETÀ OPERAIA
DI MUTUO SOCCORSO

Halbinsel von Sorrent – zauberhafte Symphonie in Licht und Farbe

Weit strecken die **Monti Lattari** ihre Ausläufer nach Westen und bilden mit der Halbinsel von Sorrent den südlichen Bogen des Golfo di Napoli. Den weichen Rundungen der Küste setzen sie eine schroffe Barriere entgegen. Überall Tufffelsen, die steil zum Wasser abfallen, malerische Terrassen voller Blumen, leuchtende Zitronenhaine, steinige, meerdurchtoste Buchten, winzige Strände, Städte hoch über dem Meer, prachtvolle Hotels mit dem Glanz der Welt von vorgestern. Die *Autostrada del Sole* wendet sich südlich von Pompeji landeinwärts nach Salerno. Die SS 145 führt von Torre Annunziata über Castellammare di Stabia an die Südseite der Halbinsel.

28 Castellammare di Stabia

Antikes und Modernes dicht verwoben. Entstehungsort des Liedes ›Funicoli, Funicolà‹.

Die Landschaft zwischen Torre Annunziata und Castellammare di Stabia, dem Vesuv und den Monti Lattari ist vom Verkehr stark in Mitleidenschaft gezogen. Das antike **Stabiae** hat sich in eine laute und hektische Industrie-, Hafen-, Schiffsbau-, Handels- und Kurstadt verwandelt. Nur der neue *Thermalkomplex* auf dem Solaro-Hügel und der Ortsteil Piana di Varano bieten ein wenig Ruhe. So stellt sich Ferienlaune recht zögerlich ein. Die Atmosphäre, in der die berühmten **Canzoni napoletane** entstanden, darunter das Lied ›Funicoli, Funicolà‹, ist heutzutage nicht mehr zu finden.

Der *Vesuv* zerstörte die antike Stadt und die Vorzeigevillen der Römer ebenso nachhaltig wie Pompeji. Hier gab man sich jedoch nicht geschlagen, man baute neu auf den Ruinen, im 9. Jh. hatte die Stadt zu *neuem Glanz* gefunden.

Systematische **Ausgrabungen** seit dem Ende des Zweiten Weltkriegs am Rand des Varano-Hügels brachten römische Landhäuser zutage. Da nun die Schäden beseitigt sind, die das Erdbeben von 1980 angerichtet hat, können die Ruinen zweier **Ville Romane** (Di–So 9–16 Uhr) in der Piana di Varano wieder besichtigt werden. Schöne Fresken in der *Villa di San Marco* und der *Villa di Arianna* aus dem 1. Jh. v. Chr. – hier besonders der ›Mito di Ganimede‹ – sind einen Abstecher wert.

Die Honoratioren unserer Tage im Versammlungsraum spätmittelalterlicher Patrizier – der Sedile Dominova in Sorrent

Das **Antiquario Stabiano** (Via Marco Mario 2, zzt. wegen Restaurierung geschl.), bewahrt Grabungsfunde aller Art, Fresken und Freskenteile, Marmorfragmente, Vasen und Bronzen.

Von Castellammare führt eine *Seilbahn* auf den **Monte Faito** (1131 m). Noch schöner, weil sich jede Kehre dem Golf öffnet, ist die *Straße* hinauf zum Gipfel, der an der Nordflanke herrliche Wälder trägt, aber gegen Süden wie ein Steinbruch steil zum Meer hin abfällt. Fantastisch ist die **Aussicht**, vielleicht die schönste weitum. Eine vom Faito abwärts führende Straße folgt in großen Windungen dem Profil des Geländes und erreicht den Erholungs- und Kurort **Vico Equense**, dessen Lage am Tuffsteinplateau schon den Etruskern gefiel.

i Praktische Hinweise

Information: AACST, Piazza Matteotti 34/35, Castellammare di Stabia, Tel./Fax 08 18 71 13 34.

Hotel

****__La Medusa__, Via Passeggiata Archeologica 5, Castellammare di Stabia, Tel. 08 18 72 33 83, Fax 08 18 71 70 09, www.lamedusahotel.com. Hotel mit 53 gediegenen Zimmern und hübschem Gartenrestaurant.

29 Sorrent (Sorrento)

Steilküste, blühende Gärten, duftende Agrumenhaine, luxuriöse Hotels.

Der Sirenengesang über den Wassern, vor dem sich Odysseus ängstigte, ist dem Autolärm der Anreisenden gewichen. Die Küstenstraße ist eng, überlastet, ein wenig mühsam zu fahren. Aber die **Landschaftskulisse** Sorrents, wie auf einem Spieltisch des Lichts 50 m hoch auf einem Tuffhügel über dem Meer gelegen, hat auch in der gerafften Form des Erlebens durch die Windschutzscheibe noch ihren Reiz. Das Stadtgebiet selbst (einschließlich Meta, Piano und Sant' Agnello) ist im Widerspiel zu seiner zauberhaften Plateaulage ein rastloser *Ballungsraum*. Einzig die **pompösen Hotels** aus der Welt von vorgestern, mit verspielten Stuckaturen und schweren Kristallüstern, noch immer fein und luxuriös, sind in der Abgeschiedenheit ihrer Parks dem Tagesgeschehen enthoben.

Geschichte Müßig zu sagen, dass die Griechen auf ihren Fahrten durch den Golf die Schönheit des Ortes entdeckten: Steilküste, Schluchten, Höhlen im Fels, kleine natürliche Buchten, laue Luft, Hügel im Hinterland, die kalte Winde zähmen. Das mauernumgebene **Surrentum** der Antike besaß Tempel und Patriziervillen, Forum und Circus, Thermen und Zisternen. Griechisches wurde von den Römern überbaut – vorwiegend in der Zeit, als Tiberius auf Capri regierte. Und die römischen Bauwerke wiederum überdauerten die turbulenten Jahrhunderte fremder Eroberungen und Überfälle nicht. Die Reste sind bescheiden: ein paar alte Mauern und ein römischer Torbogen in der Via Parsano.

Besichtigung Fundstücke aus prähistorischen Nekropolen und vom Athena-Heiligtum an der Punta Campanella werden im **Museo Archeologico Villa Fondi** ❶ (Piano di Sorrento, Di–So 9–13 und 16–19 Uhr) nahe dem Zentrum gezeigt. Die belebte Hauptstraße, der Corso Italia, mündet in die weite **Piazza Tasso** ❷. Zwei *Statuen* schmücken sie: Sorrents Schutzheiliger Sant'Antonio und Torquato Tasso. *Torquato Tasso* (1544–1595), Dichtersohn und selbst berühmter Autor des Epos ›Gerusalemme Liberata‹, wurde in Sorrent geboren. Herzog Alfonso II. d' Este nahm ihn in Ferrara auf und protegierte ihn. Doch der unglückliche Tasso verfiel dem Verfolgungswahn und wurde schließlich auf Befehl des Herzogs in ein Irrenhospital eingeliefert. Nach Jahren

Im panoramareichen Sorrent **(oben)** *erinnert ein melancholisches Denkmal an Torquato Tasso* **(unten links)**. *Verschleierter Blick in eine Suite des noblen Hotels Excelsior Vittoria* **(unten rechts)** ▷

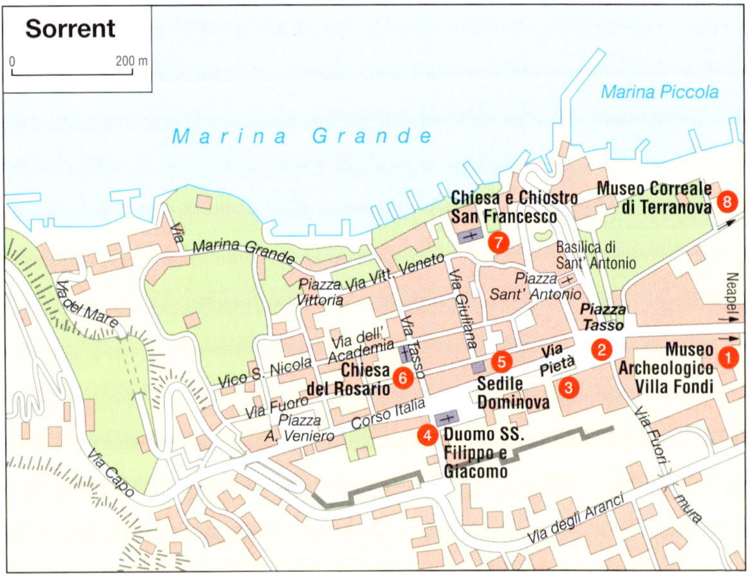

◁ *Was in anderen Gegenden nur in Gewächshäusern gedeiht ...*

des Leidens starb der Dichter im römischen Kloster von Sant' Onofrio.

Die von der Piazza Tasso ausgehende schmale **Via Pietà** 3 führt in das Herz der **Altstadt**, an alten Palästen vorüber, dem *Palazzo Veniero* aus dem 13. Jh. mit byzantinisch-arabischen Formen und dem *Palazzo Correale* aus dem 15. Jh., dessen Spitzbogenfenster und Portal ins Auge fallen. Den Platz des einstigen römischen Forums nimmt der **Duomo SS. Filippo e Giacomo** 4 ein, im 15. Jh. auf den Resten eines Vorgängerbaus errichtet. Antike Relikte lassen sich noch finden: Säulen, auf denen der Campanile ruht, und Spolien, aus denen der Bischofsthron zusammengefügt wurde. Doch die Geschichte des Doms ist keine der Bewahrung und Kontinuität: Auf die Barockisierung des *Inneren* folgte im 20. Jh. die Veränderung der *Fassade* im neogotischen Stil – ein großer Wurf ist aus dem Ganzen beileibe nicht geworden.

Überraschend in Gestus und Form ist die majolikaverkleidete Kuppel des **Sedile Dominova** 5 in der Via Cesareo, einer westlichen Parallelstraße des Corso Italia. Längst hat die Loggia aus dem 15. Jh. die Aura einstiger Patrizierversammlungen gegen eine höchst demokratische Atmosphäre eingetauscht.

Durch Ehrwürdigkeit besticht die **Chiesa del Rosario** 6 (auch SS. Felice e Baccolo). Kaiser Konstantin der Große, der die Götter seiner Jugend gegen den Gott der Christen eintauschte, ließ sie 310 über einem heidnischen Tempel errichten. In veränderter Gestalt diente sie der Stadt im Mittelalter als Dom, später wurde sie barockisiert.

... verschönt im Sorrentino so manchen Kreuzgang: Der heilige Franziskus hätte sicher seine Freude an der nach ihm benannten Kirche San Francesco

Tischreservierungen nicht nur für Sirenen: das betörende Panorama, das sich dem Reisenden auf der Terrasse des Hotels Bellevue Syrene bietet

Meerwärts verlässt man die Piazza Tasso über die Via de Maio und kommt von der *Basilica di Sant'Antonio* mit den unzähligen Votivtafeln in der Krypta zu **Chiesa e Chiostro San Francesco** 7. Besonders stimmungvoll ist der Kreuzgang mit den sich überschneidenden Arkadenbögen im Konvent (heute Kunstschule), der für Sommerkonzerte genutzt wird. Hoch über der Marina Grande hat man von einer Terrasse des Parks *Villa Comunale* einen herrlichen Ausblick über den Golf.

Schwer beschädigt durch das Erdbeben von 1980 wurde der *Palazzo Terranova*, in dem heute das **Museo Correale di Terranova** 8 (Via Correale 50, Mi–Mo 9–13.30 Uhr) untergebracht ist. Großes Interesse finden hier die kunstgewerblichen Abteilungen, in denen edles Porzellan aus der *Real Fabbrica delle Porcellane* [s. S. 32], Majoliken, Spiegel, wertvolle Möbel, Intarsien, Waffen und Gemälde der neapolitanischen Schule des 17. und 18. Jh. zu bewundern sind.

i Praktische Hinweise

Information: AAS, Via Luigi de Maio 35, Sorrent, Tel. 08 18 07 40 33, Fax 08 18 77 33 97, www.sorrentotourism.com

Hafen: An der Marina Piccola legen die Schiffe von und nach Neapel, Capri und Ischia an.

Hotels

******Bellevue Syrene**, Piazza della Vittoria 5, Sorrent, Tel. 08 18 78 10 24, Fax 08 18 78 39 63, www.bellevuesyrene.it. Haus im Ambiente des 18. Jh. direkt an der Steilküste, mit blühenden Gartenterrassen, pompejanisch gestyltem Restaurant und Lift zum Strand.

TOP TIPP ******Excelsior Vittoria**, Piazza Tasso 34, Sorrent, Tel. 08 18 07 10 44, Fax 08 18 77 12 06, www. excelsior vittoria.it. Ein luxuriöses Hotel auf dem Fels am Meer mit viel Marmor und vielen Fresken, voller Geschichte und Geschichten um Berühmtheiten.

******Hilton Sorrento Palace**, Via Sant'Antonio 13, Sorrent, Tel. 08 18 78 41 41, Fax 08 18 78 39 33, www.sorrentopalace.it. Riesengroßes modernes Haus zwischen Hügeln und Meer mit Sporteinrichtungen, einem herrlichen Orangenhain und zauberhaftem Gartenrestaurant.

******Imperial Hotel Tramontano**, Via Vittorio Veneto 1, Sorrent, Tel. 08 18 78 25 88, Fax 08 18 07 23 44,

www.tramontano.com. Historisches Haus, Geburtsort des Dichters Torquato Tasso. Schöner Garten, Lift zum Strand.

***Del Mare**, Via del Mare 30, Sorrent, Tel. 08 18 78 33 10, Fax 08 18 07 12 44, www.hoteldelmare.com. Familienfreundliches Hotel (24 Zi.) oberhalb der Marina Grande.

***Regina**, Via Marina Grande 10, Sorrent, Tel. 08 18 78 27 22, Fax 08 18 78 27 21. Ruhiges Haus in guter Lage mit hübschem Garten und Restaurant (Winter geschl.).

Desirée, Via Capo 31, Sorrent, Tel./Fax 08 18 78 15 63. Hotel Garni mit Garten und Aufzug zum Strand.

Restaurants

TOP TIPP **Caruso**, Via Sant'Antonino 12, Sorrent, Tel. 08 18 07 31 56. Elegantes Lokal, zahlreiche Ausstattungsgegenstände erinnern an den großen Tenor. Spezialitätenküche mit Fantasie.

O' Parrucchiano, Corso Italia 71, Sorrent, Tel. 08 18 78 13 21. Gartenrestaurant unter Pergoladächern. Fischspezialitäten und landestypische Küche (Mi. geschl.).

Vela Bianca, Porto di Sorrento, Sorrent, Tel. 08 18 78 11 44. Hübsches, helles Restaurant am Hafen – serviert natürlich viel Fisch (Di und Winter geschl.).

30 Massa Lubrense

TOP TIPP *Zauberhafter Badeort mit aufregender Vergangenheit.*

Die Straße nach Massa Lubrense zweigt westlich von Sorrent von der SS 145 ab. Von Capo di Sorrento aus erreicht man an der Spitze des Kaps, mit einer der schönsten *Aussichten* auf den Golf, den **Bagno della Regina Giovanna**. Rund um das königliche Bad der Johanna I. von Anjou, einen *natürlichen Pool* mit smaragdgrünem Wasser zwischen Klippen, raunt die Geschichte. Johanna, Gattenmörderin, später selbst Mordopfer, soll sich hier mit ihren zahllosen Liebhabern königlich vergnügt haben.

Hoch über der Marina von Puolo liegt Massa Lubrense, ein aufstrebender Ferien- und Luftkurort, dessen Gemeindegebiet sich bis an die Halbinselspitze erstreckt. Im Fischerdorf *Marina della Lobra* lässt sich die stimmungsvolle Sorrentiner Landschaft mit üppiger Flora, Steilküste und kleinen **Buchten**, die zum Baden und Tauchen einladen, besonders gut erleben. Die Idylle des verträumten Ortes steht der seiner Badeplätze in nichts nach.

Ein- und Ausparken will gelernt sein – Boote im Hafen von Sorrent

Feurige Abendstimmung auf der Halbinsel von Sorrent

Praktische Hinweise

Hotels

****Delfino**, Via Nastro d' Oro 2, Massa Lubrense, Tel. 08 18 78 92 61, Fax 08 18 08 90 74, www.hoteldelfino.com. Elegantes Hotel in einer wunderschönen Bucht, prachtvoller Ausblick auf Capri.

***Conca Azzurra**, Località Villazzano 3, Massa Lubrense, Tel. 08 18 78 96 66, Fax 08 18 78 91 20. Gepflegtes, angenehmes Hotel direkt an einer kleinen Bucht.

***Piccolo Paradiso**, Piazza Madonna della Lobra 5, Massa Lubrense, Tel. 08 18 78 92 40, Fax 08 18 08 90 56, www.piccolo-paradiso.com. Gemütliches Haus oberhalb der romantischen Lobra-Bucht. Terrassenrestaurant und Badeplattform am Felsufer.

Restaurants

Antico Francischiello da Peppino, 1,6 km außerhalb Richtung Sorrent, Tel. 08 15 33 97 80. Typisches Sorrentiner Lokal mit viel Fisch und Pasta in herrlicher Lage.

Taverna del Pescatore, Via Fontanelle 16, Marina della Lobra, Tel. 08 18 78 93 92. Mit Blick aufs Wasser Meeresfrüchte genießen (Mo geschl.).

◁ *Zeugnis der Volksfrömmigkeit am Grund des Meeres: Unterwassermadonna bei Massa Lubrense*

31 Punta Campanella

TOP TIPP *Die Heimat der Sirenen an der Spitze der Sorrentiner Halbinsel.*

Von der kleinen Ortschaft Termini führt ein Fußweg durch Wildkräuter, Meerfenchel und Ginster zur äußersten **Spitze** der Sorrentiner Halbinsel. Angeregt durch Homers ›Odyssee‹ nannte sie der griechische Geograph Strabo ›Vorgebirge der Sirenen‹. Um den Verführungskünsten der mit ihrem Gesang betörenden Sirenen nicht zu erliegen, ließ sich Steuermann Odysseus an den Mast des Schiffes binden und seine Mannschaft entrann der Gefahr mit »dem geschmolzenen Wachs der Honigscheiben in den Ohren«. Nachweislich standen an der Punta Campanella ein Heiligtum der Athene und eine römische Villa.

Einen herrlichen Rundblick genießt man von der **Aussichtsterrasse** auf das Meer und über die nur wenige Kilometer breite Bocca Piccola nach Capri.

Im Anschluss an einen Aufenthalt an der Punta Campanella empfiehlt sich eine landschaftlich reizvolle Fahrt von Termini über die Bergdörfer Caso und Matrano nach **Sant'Agata sui Due Golfi**, das auf einem Gebirgskamm zwischen den Golfen von Neapel und Sorrent liegt.

TOP TIPP Halt sollte man hier im **Ristorante Don Alfonso** (Piazza Sant'Agata 11, Tel. 08 18 78 00 26, Mo/Di mittags geschl.) machen. Nie würde man an so einem Ort ein Restaurant mit einer derartig grandiosen und vielfach ausgezeichneten Küche vermuten. Über die SS 145 erreicht man anschließend Colli S. Pietro an der klippenreichen Amalfiküste.

Schöne Aussichten – der zauberhaft gelegene Bagno della Regina Giovanna bei Massa Lubrense hielt einst nicht nur Badefreuden bereit

Costiera Amalfitana – steile Klippen, malerische Städte, pinienbewachsene Hänge

Eine der schönsten *Panoramastraßen* der Welt, die **Amalfitana**, kurvig und eng, zu beschaulicher Fahrt geradezu zwingend, rund 40 km lang, erschließt die *Costa Divina* zwischen Positano und Vietri sul Mare im Süden der Sorrentiner Halbinsel. Die Landschaft an den Südabhängen der Monti Lattari ist atemberaubend, die Straßentrasse verläuft verwegen an der extremsten Grenze zwischen Fels und Meer. Auf den Terrassen der luxuriösen, traditionsreichen Hotels von **Positano**, **Amalfi** und **Ravello** wird dem Reisenden verständlich, weshalb dieser Küstenabschnitt der ›göttliche‹ genannt wird.

32 Positano

Häuser türmen sich über dem Abgrund. Luxus drängt sich auf engstem Raum.

Malerisch zusammengedrängt liegt Positano zwischen Punta Germano im Westen und Capo Sottile im Osten. Die Häuser mit ihren Kuppeldächern, dicht an dicht, kubisch, weiß, pastellfarben, manchmal himmelblau oder pompejanischrot, sind so in den Steilhang des **Monte Comune** gebaut, dass alle Fenster und bougainvilleaumrankten Terrassen einen atemberaubenden **Ausblick** auf das Meer und die winzigen mythenumrankten Hahneninseln **Li Galli** bieten.

Bis 1889 nur auf schmalen Bergpfaden oder mit dem Schiff zu erreichen, ein Ort für Fischer, Seeleute und Eremiten, wurde Positano erst mit dem Bau der Küstenstraße **Amalfitana** allmählich für den Tourismus erschlossen.

Hotels und Villen wurden – oft in exponiertesten Lagen – in die Felsen gebaut, bis auch das kleinste Fleckchen Grund genutzt und das Ambiente des Fischerdorfes endgültig dahin war. Im **Ortskern** reiht sich Geschäft an Geschäft, Boutiquen und Schuhläden bieten ein aufregendes Angebot, von Hand gefärbte Stoffe und fantasievolle Keramik finden bei den Touristen viel Zuspruch.

Oberhalb der kleinen Bucht leuchtet die Majolikakuppel der Pfarrkirche **S. Maria Assunta** in strahlenden Farbtönen . Über dem Hauptaltar beeindruckt eine große byzantinische *Ikone* der ›Schwarzen Madonna‹, deren Heiligenschein als Relief gearbeitet ist. Eine Statue der Muttergottes, die ›*Madonna von Positano*‹, wird jeden 15. August in einer großen Prozession zum Strand getragen. Die Gedenktafel am **Campanile** erinnert an *Flavio Gioia*, den ›Mann mit dem Kompass‹, den Erfinder, um den sich Positano und Amalfi streiten. Beinahe verdeckt wird von ihr die uralte, wohl langobardische Steintafel, die das Relief eines bizarren fischschwänzigen Seeungeheuers zeigt.

Der schönste Ausflug von Positano aus führt auf schmaler, steiler Straße in das Bergdorf **Montepertuso**, einen alten Zufluchtsort aus der Zeit der Sarazeneneinfälle. Fantastischer als von der Terrasse der **Trattoria La Tagliata** (Do geschl., Tel. 0 89 87 58 72) kann der Ausblick auf die amalfitanische Küste kaum sein. Zu den berühmten Lammgerichten wird hier Gemüse aus dem eigenen Garten serviert.

Praktische Hinweise

Information: AACST, Via del Saracino 4, Positano, Tel. 0 89 87 50 67, Fax 0 89 87 57 60, www.aziendaturismopositano.it

Hotels

*******Le Sirenuse**, Via C. Colombo 30, Positano, Tel. 0 89 87 50 66, Fax 0 89 81 17 98, www.sirenuse.it. Luxuriös, wunderschöne Antiquitäten und Möbel im einst gräflichen Familienpalast, ein teures Hotel für Ästheten.

◁ *Häuserberge, Knoblauchpyramiden: Die Hotels Le Sirenuse* **(oben)** *und San Pietro* **(unten)** *in Positano bieten jeden erdenklichen Komfort – und das Panorama meint man vielleicht schon einmal im Traum gesehen zu haben …*

*******Le Agavi**, Belvedere Fornillo, Positano, Tel. 0 89 87 57 33, Fax 0 89 87 59 65, www.leagavi.it. Zauberhafte, ruhige Lage, herrliches Panorama.

TOP TIPP *******San Pietro**, Via Laurito 2, Positano, Tel. 0 89 87 54 55, Fax 0 89 81 14 49, www.ilsanpietro.it. Luxus pur. Spitzenhotel (58 Zi.) in atemberaubender Lage an der Amalfi-Küste mit Restaurant, Park, Pool und Privatstrand.

******Palazzo Murat**, Via dei Mulini 23, Positano, Tel. 0 89 87 51 77, Fax 0 89 81 14 19, www.palazzomurat.it. Romantisch-komfortables Hotel (30 Zi.) in einem Palast aus dem 18. Jh. mit stimmungsvollem Gartenrestaurant.

******Poseidon**, Via Pasitea 148, Positano, Tel. 0 89 81 11 11, Fax 0 89 87 58 33, www.hotelposeidonpositano.it. Mit großer Sorgfalt geführtes Haus. Terrassengarten mit beheiztem Swimmingpool. Sporteinrichtungen.

*****Casa Albertina**, Via della Tavolozza 3, Positano, Tel. 0 89 87 51 43, Fax 0 89 81 15 40, www.casalbertina.it. Hübsches, gemütliches Hotel (20 Zi.) in einem Gebäude aus dem 18. Jh. mit modernem Komfort.

Restaurants

La Cambusa, Piazza Vespucci 4, Positano, Tel. 0 89 87 54 32. Reizvolles Ambiente an der Marina Grande, vor allem, wenn der Sommertrubel vorbei ist. Delikate Fischgerichte.

Saraceno d'Oro, Via Pasitea 254, Positano, Tel. 0 89 81 20 50. Qualitätvolle Speisen und familiäre Atmosphäre locken Positaner und Urlauber gleichermaßen an.

33 Praiano

Eine Fischersiedlung mit touristischen Ambitionen.

Das *Capo Sottile* trennt die Ortsteile: **Vettica Maggiore** mit seinen Schwindel erregenden Treppen erstreckt sich steil hügelan. Beschattet von Olivenbäumen stehen die Häuser der Streusiedlung **Praiano** an der Steilküste der Monti Lattari. Die Felsen haben nur den winzigen Strand **Marina di Praia** ausgespart. Wie eine Nase ragt das Kap ins Meer. Auf einem kleinen Vorsprung steht die *Torre Assiola*, einst Ausguck der wachsamen Bewohner, die sich rechtzeitig vor den gefürchteten Sarazenen in Sicherheit bringen mussten.

Nicht nur die Madonna ist anbetungswürdig – die Kirche S. Maria Assunta über der wunderschönen Bucht von Positano

◁ *Als ob in dieser Umgebung nicht jeder Zorn schnellstens verflöge – Vallone di Furore bei Praiano*

In der Umgebung von Praiano hat die Landschaft Grandioses zu bieten. Eindrucksvoll ist der **Vallone di Furore**, die ›Schlucht des Zorns‹. Scheinbar wütend und schäumend hat hier das Wasser einen tiefen Einschnitt in das Küstengebirge gegraben.

In einer nahe gelegenen Felsbucht Richtung Conca dei Marini befindet sich der Einstieg zur **Grotta dello Smeraldo** (Treppe oder Aufzug von der Straße, Boote am Eingang, tgl. 9.30–15 Uhr). Kristallklar ist das 10 m tiefe Wasser in der Karstgrotte, smaragdgrün wirft es die durch eine Felsöffnung eindringenden Lichtstrahlen zurück. Einen seltsamen Kontrast zu den Tropfsteinformationen bildet die *Unterwasserkrippe* aus Keramik.

TOP TIPP

Praktische Hinweise

Hotels

****Tritone**, an der Amalfitana 2 km östlich von Praiano, Tel. 0 89 87 43 33, Fax 0 89 81 30 24, www.tritone.it. Modernes Hotel auf einer Klippe über dem Meer mit Restaurant, Schwimmbad und Terrasse.

Onda Verde, Via Terra Mare 3, Praiano, Tel. 0 89 87 41 43, Fax 08 98 13 10 49, www.ondaverde.it. Beschauliches, einfaches Haus (25 Zi.) auf Felsen mit wunderschöner Fernsicht.

Restaurant

La Brace, Via Capriglione 146, Praiano, Tel. 0 89 87 42 26. Gemüsegerichte, hausgemachte Pasta und Risotto alla pescatore sind hier die Spezialitäten.

Eine Felsnase, tief ins Blau gesteckt – an der Marina di Praia

34 Amalfi

Malerisch, mittelalterlich, ein Juwel unter den Seebädern zwischen Zitronenhainen und Felsklippen.

Amalfi ist die **älteste Seerepublik** Italiens; der Ort wurde in eindrucksvoller städtebaulicher Geschlossenheit in den Uferfelsen am Ende der Valle dei Mulini errichtet. Man ahnt die Schrecken der Vergangenheit: Zweimal, im 11. und 14. Jh., wurden Teile von Amalfi in die stürmischen Fluten des Tyrrhenischen Meeres gerissen, schwere Erdrutsche richteten im 19. Jh. große Zerstörungen an.

Das historische Amalfi, als **A Melphis** eine *römische Gründung*, lebte von seiner Geschäftstüchtigkeit. Es wurde durch Seefahrt und Handel reich und durch Beharrlichkeit von Neapel unabhängig. Dogen führten das Städtchen auf den Weg zur *Republik* und zur **Seemacht**, die mit Genua und Pisa wetteifern konnte. Der zwischen dem 11. und 14. Jh. niedergeschriebene **Seemannskodex** ›Tabula de Amalpha‹ galt jahrhundertelang als einziges brauchbares See- und Handelsgesetzbuch.

Die reizvolle **Piazza Flavio Gioia** bietet sich als Ausgangpunkt für einen Spaziergang durch Amalfi an. Sie ist weiträumig, der Blick streift vom Molo Scalo d' Oriente zur Torre Saracena meerwärts über Jachten und Fischerboote, landwärts über ein steiles Häusergewirr, das sich an Abhänge klammert. Ob *Flavio Gioia*, der Mann auf dem Denkmalssockel, den Kompass, den er in der Hand hält, wirklich erfunden oder nur die von den Chinesen erfundene Magnetnadel um die Windrose ergänzt hat, soll dahingestellt bleiben.

Von der Piazza sind es, am alten *Arsenale d' Repubblica* vorbei, wo Amalfis Galeeren gebaut wurden, nur wenige Schritte zum **Duomo Sant'Andrea**. Mag seine Fassade über der monumentalen Treppe auch etwas zu unruhig geraten sein, das **Hauptportal** mit der berühmten, um 1066 gegossenen *Bronzetür* gibt ihm dennoch Noblesse und Würde. Erweiterungen, eine barocke Neugestaltung im 18. Jh., ein originalgetreuer Wiederaufbau nach dem Fassadeneinsturz durch Erdrutsch im 19. Jh. haben vom mittelalterlichen Bau nur den im 13. Jh. vollendeten romanischen **Campanile** übrig gelassen. Das **Innere** und die 1253 entstandene Krypta zeigen sich barockisiert. Aus der ursprünglichen Kirche

Bevor man den Aufstieg zum Duomo Sant' Andrea in Angriff nimmt, kann man sich zum Glück noch mit einer Pizza stärken

stammen nur mehr die antiken Säulen am Eingang zum Chor, die beiden Ambonen seitlich des Hochaltars aus dem 12./13. Jh. und die 1208 aus Patras überführten *Gebeine des hl. Andreas* unter dem Altar der Krypta (Zugang durch den Chiostro del Paradiso). Die *Basilica del Crocifisso*, die alte Kathedrale links vom Hauptschiff des Doms, vereint Bauteile des 6., 9. und 13. Jh.

In normannisch-arabischem Mischstil sind die spitzbogig sich überschneidenden, filigranen Arkaden des **Chiostro del Paradiso** (1268) gehalten, einst Friedhof des Adels, links vom Atrium des Doms.

Durch die uralte, überdachte Kreuzgasse Sant'Andrea gelangt man zum **Museo Civico** (Salone Morelli, Piazza Municipio, Mo–Fr 8.15–14 und 15–19 Uhr). Hier wird neben anderen Relikten aus der amalfitanischen Geschichte die berühmte ›*Tabula de Amalpha*‹ mit den Seegesetzen der Republik aufbewahrt.

Ein Säulengang, Supportico Ferrari, verbindet die Piazza Duomo mit der **Piazza dei Dogi**, an der mittelalterliche Architektur dominiert. Vom Dogenplatz aus kann man in den Stadtteil **Vagliendola** hinaufsteigen: Die Gebäude wachsen hier unmittelbar aus dem Fels. Treppen,

Bögen, Gässchen erschließen die scheinbar übereinander gestapelten Häuserkuben und aristokratische Gebäude, die mit ihren Türmchen zuweilen vierstöckig hoch hinaus wollen.

Vom nördlichen Teil der Piazza Duomo führen die Hauptstraßen Amalfis, *Via Lorenzo di Amalfi* und *Via Pietro Capuano*, zur wunderschönen **Valle dei Mulini**, deren Bäche früher viele kleine Papiermühlen antrieben. In zwei von ihnen wird heute noch Büttenpapier von Hand geschöpft. Das **Museo della Carta** (Via delle cartiere 24, tgl. 10–18.30 Uhr, www.museodellacarta.it) ist der Papierherstellung von Hand gewidmet.

Zitronenbaumbestandene schöne Terrassen und wildes Bergland machen die Umgebung der Mühlen zu einer ganz besonderen Wanderlandschaft.

i Praktische Hinweise

Information: AACST, Corso Roma 19, Amalfi, Tel. 0 89 87 11 07, Fax 0 89 87 26 19, www.aziendaturismoamalfi.com

Hafen: Verbindungen von Juni bis Oktober per Tragflügelboot mit Positano, Capri, Ischia, Sorrent, Neapel und Salerno.

Hotels

********Santa Caterina**, Via Nazionale 9, Amalfi, Tel. 0 89 87 10 12, Fax 0 89 87 13 51, www.hotelsantacaterina.it. Elegantes, stilvolles Haus mit bestechender Aussicht auf den Golf.

*******Luna Convento**, Via P. Comite 33, Torre Saracena, Tel. 0 89 87 10 02, Fax 0 89 87 13 33, www.lunahotel.it. Umgebautes Kloster (35 Zi.) in zauberhafter Felsenlage.

◁ *Ob die Wolken auf- oder abziehen – im Hafen von Amalfi ist man jedenfalls für jeglichen Wetterumschwung gerüstet*

***Cappuccini Convento**, Via Annunziatella 46, Amalfi, Tel. 0 89 87 18 77, Fax 0 89 87 18 86, www.hotelcappuccini.it. Man wohnt in der romantischen Atmosphäre eines alten Klosters des 12. Jh.

***La Bussola**, Lungomare Cavalieri 16, Amalfi, Tel. 0 89 87 15 33, Fax 0 89 87 13 69, www.labussolahotel.it. Betriebsames Haus direkt am Hafen.

Lidomare, Largo Piccolomini 9, Amalfi, Tel. 0 89 87 13 32, Fax 0 89 87 13 94, www.lidomare.it. Kleines neueres Hotel im Stadtzentrum, hübsch und behaglich mit antiken Stücken möbliert.

Restaurants

Da Barracca, Piazza dei Dogi 12, Amalfi, Tel. 0 89 87 12 85. Romantisches Altstadtlokal mit Tischen im Freien und köstlicher *Zuppa di mare*.

Da Gemma, Via Fra' Gerardo Sasso 9, Amalfi, Tel. 0 89 87 13 45. Historisches Restaurant im Ortskern mit hübscher Sommerterrasse. Perfekte Fischküche (Mi geschl.).

Eolo, Via Comite 3, Amalfi, Tel. 0 89 87 12 41. Elegantes kleines Restaurant mit hochgelobter Küche (Di mittags geschl.).

35 Ravello

Ein mittelalterliches Juwel in atemberaubender Lage.

Die Straße 373 führt über das hübsche mittelalterliche Dorf **Atrani**, wo in der Chiesa San Salvatore di Bireto einst Amalfis Dogen gekrönt wurden, und anschließend in Kehren bergan. Olivenhaine und Weinberge begleiten sie durch die **Valle del Dragone** (Tal des Drachen). Der 350 m hoch an den Ausläufern des Monte Cerreto gelegene Ort Ravello ist ruhig, idyllisch, sehr grün und vergangenheitsbezogen.

Zwischen dem 11. und 13. Jh. blühte Ravello als **Handelsstadt** mit eigenem *Hafen* zwischen Atrani und Minori und Handelsniederlassungen rund ums Mittelmeer auf. Das Ende des Traums kam 1335 mit der Zerstörung der Stadt durch die Pisaner. Im Mittelalter eine der bevölkerungsreichsten Städte Italiens, von mächtigen Adelsfamilien favorisiert, ist Ravello heute nur mehr eine Kleinstadt. Eine Fußgängerzone verleiht dem Zentrum beschauliche Intimität.

TOP TIPP 1086, in der *Glanzzeit* Ravellos, wurde der **Duomo San Pantaleone** in Auftrag gegeben. Seine schlichte, weiße, erneuerte Fassade wirkt wie ein edler Rahmen für das prächtige romanische **Bronzeportal** des apulischen Erzgießers Barisano da Trani mit Motiven aus dem Neuen Testament. Der **Innenraum** des Doms ist schmal und steht ganz im Banne der 1272 von Nicola di Bartolomeo di Foggia geschaffenen **Kanzel**. Die viereckige, reich geschmückte Empore dominiert über zierlichen, mosaikverzierten Säulen, die von sechs Löwen getragen werden. Ein Adler breitet seine Schwingen aus, als wolle er das Wort des Predi-

Links: *Blick aus dem Zaubergarten auf die traumhafte Kulisse – zu höchsten Tönen inspirierte die Villa Rufolo den deutschen Komponisten Richard Wagner*
Rechts: *Ein herrliches Zeugnis aus der Glanzzeit Ravellos ist das Portal des Duomo San Pantaleone mit seinem wunderbaren Mosaik (oben) und eindrucksvollen Bronzereliefs mit Szenen aus dem Neuen Testament (unten)*

gers über Land und Meer tragen. Rege Fantasie beflügelte den Mosaikenmeister des gegenüberliegenden *Ambo*. Er steckte Jonas in das Maul eines Meerestieres, das mit einem Wal auch nicht die entfernteste Ähnlichkeit aufweist.

Links vom Hochalter, in der **Cappella Pantaleone**, wird das Blut des hl. Pantaleon aufbewahrt. Seit 1557 geht es, an jedem 27. Juli, – im Stile der neapolitanischen Wunder – vom festen in den flüssigen Zustand über.

Vom Domplatz aus lohnt ein Abstecher ins einst so elegante *Toro-Viertel* mit der **Chiesa San Giovanni in Toro**. Im 11. Jh. entstanden, beeindruckt sie vor allem durch die mosaikgeschmückte *Kanzel* des apulischen Meisters Alfano da Termoli.

Die Fürsten Rufolo, immens reich und geschäftstüchtig, Privatbankiers der Anjou, Kreditgeber der neapolitanischen Könige, ließen die von zauberhaften Gärten umrahmte **Villa Rufolo** als Symbiose arabischer und sizilianischer Baukunst im 13. Jh. entstehen. Die Reste der Villa, gleich neben der Piazza Duomo, und der berühmte **Maurische Hof** sind noch zu bestaunen. Auf der gepflegten Blumenterrasse mit dem unvergesslichen **Ausblick** über die amalfitanische Küste ging *Richard Wagner* spazieren. Ins Gästebuch schrieb er zum Abschied: »Der Zaubergarten des Klingsor ist gefunden.«

TOP TIPP

Über die Via San Francesco und Via S. Chiara gelangt man – an alten Klöstern vorüber – zur **Villa Cimbrone**, heute Hotel. Aus dem 15. Jh. stammend, ging sie im Ersten Weltkrieg in den Besitz des englischen Landschaftsarchitekten Lord Grimthorpe über. Gestaltungsleidenschaft übertünchte die Originalstrukturen. Krypta und Kreuzgang sind Nachbauten des 20. Jh. Antike Originalbüsten

Zitronen, Limonen, Limoncello

Der römische Schriftsteller Plinius d. Ä., Opfer des Vesuvausbruchs von 79 n. Chr., schrieb in seiner berühmten, 37 Bücher umfassenden Naturgeschichte ›**Naturalis historia**‹ über die Zitronen: »Die Früchte isst man nicht«. Die Griechen hatten sie auf dem Kriegszug Alexanders des Großen kennen gelernt und als ›persische‹ oder ›**medische Äpfel**‹ bezeichnet. Die Begeisterung für deren herbe Säure hielt sich zunächst in Grenzen, doch als Symbole Glück bringender **Fruchtbarkeit** machten die Zitronen in Hellas und seinen Kolonien bald Karriere. Doch erst im **19. Jh.**, als ein Reblausbefall viele Weingärten vernichtete, breitete sich der Zitrusfrüchteanbau in großem Stil auf den Inseln, im Sorrentino und an der Küste von Amalfi aus.

Größter Beliebtheit erfreut sich der **Limoncello**. Der Zitronenlikör (aus Zitronenschale, hochprozentigem Alkohol und Zuckersirup) ist in der ganzen Golfregion als eisgekühlter Digestif und originelles Mitbringsel zu finden.

und Kopien stehen in großer Zahl im schönen **Giardino Cimbrone** wie pflegeleichte Blüten einer seltsamen Art-déco-Kunst. Zwischen den weißen Köpfen hindurch, deren Ausdruck platt und freundlich erscheint, genießt man von der *Terrazza dell' Infinito* aus einen zauberhaften **Panoramablick** auf das Meer und die amalfitanische Küste.

i Praktische Hinweise

Information: AACST, Piazza Duomo 10, Ravello, Tel. 0 89 85 70 96, Fax 0 89 85 79 77, www.ravellotime.it

Hotels

*******Palumbo Palazzo Confalone**, Via S. Giovanni del Toro 28, Ravello, Tel. 0 89 85 72 44, Fax 0 89 85 81 33, www.hotelpalumbo.it. Luxus in einem uralten, vom maurischen Baustil inspirierten Palazzo (13 Zi.).

******Caruso Belvedere**, Via S. Giovanni del Toro 2, Ravello, Tel. 0 89 85 71 11, Fax 0 89 85 73 72. Umgebauter Palazzo mit altertümlichem Charme und prachtvoller Sommerterrasse (Nov.–Mai geschl.).

*****Villa Cimbrone**, Via S. Chiara 26, Ravello, Tel. 0 89 85 80 72, Fax 0 89 85 77 77, www.villacimbrone.it. Berühmte Villa in schönem Park.

Restaurant

Palazzo della Marra, Via della Marra 7, Ravello, Tel. 0 89 85 83 02. Köstlichkeiten der Küste. Abends mittelalterliche Bankette mit passender Musik.

36 Vietri sul Mare

Bedeutende Majoliken- und Keramikenproduktion.

Kleine lebhafte *Badeorte* an der Amalfitana sind **Minori** und **Maiori**. Beide Orte erlitten durch die Hochwasserkatastrophe von 1954 schwerste Schäden. Das neu Entstandene neben der freigelegten **Römervilla** des augusteischen *Reginna Minor* und den mittelalterlichen Resten dieses Ortes ist weitgehend gesichtslos und anonym: palmenbestandene Uferpromenaden, belebter Sandstrand, Hotels ohne Charme, im Sommer voll, im Winter einsam.

Gegen Abend kehrt allmählich Ruhe ein zwischen den Sonnenschirmen am Strand von Maiori

Der letzte Abschnitt der Amalfitana führt kehrenreich die steile Felsküste unter dem *Monte dell'Avvocata* entlang, zwischen Meer und Limonengärten, Abgründen und Wildblumen. Nachdem sie das *Capo d' Orso* und das pittoreske Fischerdorf **Cetara** passiert hat, endet die berühmte Straße in Vietri sul Mare.

In Vietri, voll südlicher Lebhaftigkeit, majolikabunt, extrovertiert, von Etruskern gegründet, von salernitanischen Fürsten geliebt, seit dem Mittelalter als **Keramikzentrum** berühmt, ist die alte Handwerkskunst immer wieder neu belebt worden. Aber künstlerisch wertvolle Stücke sind mittlerweile leider selten, Massenware und Souvenirkitsch überwiegen. Das **Museo della Ceramica** (Di–So 9–13 und 15–18 Uhr) in der Frazione Raito zeigt jedoch eine durchaus beachtenswerte Sammlung.

Daraus schmecken auch zuhause noch Pasta und Cappuccino

i Praktische Hinweise

Information: AACST, Corso Reginna 73, Maiori, Tel. 0 89 87 74 52, Fax 0 89 85 36 72

Hotel

******Raito**, Via Nuova Raito 6, Raito, Tel. 0 89 21 00 33, Fax 0 89 21 14 34. Komforthotel in Höhenlage mit herrlichem Ausblick auf den Golf von Salerno.

Restaurants

Capo d' Orso, an der SS 163 westwärts, Tel. 0 89 87 70 22. Zauberhaft gelegenes Restaurant am Bärenkap (Di, Mi geschl.).

Sapore di Mare, Via G. Pellegrino 104, Vietri sul Mare, Tel. 0 89 21 00 41. Kleines, familiäres Lokal mit ausgezeichneter Küche (So abend geschl.).

Torre Normanna, Via Taiani 4, Maiori, Tel. 0 89 87 71 00. Köstliches aus dem Meer wird auf der Aussichtsterrasse oder im alten Gewölbe serviert.

Wo man am besten mit dem Boot vorfährt – der malerische Hafen von Cetara

Golf von Salerno – Ausflug in die versunkene Welt der Griechen

Südöstlich von Vietri sul Mare endet die herbwilde Felsküste der Amalfitana: Die sympathische Stadt **Salerno** mit ihren hübschen Flaniermeilen und dem ehrwürdigen Duomo sowie die sanfte Ebene der *Piana del Sele* schließen sich an. Der Golf von Neapel ist hier längst in den *Golfo di Salerno* übergegangen, doch das Bild jener historischen Landschaft wäre ohne die grandiosen griechischen Tempel von **Paestum**, die bedeutendsten Überreste der *Magna Graecia* in Süditalien, unvollständig. Der Besucher taucht an diesem magischen Ort ein in eine Welt zeitlosen Ebenmaßes und immerwährenden Gleichmuts.

37 Salerno

Die angenehme Hafenstadt besaß einst eine berühmte Medizinschule.

Wunderschön ist die Fahrt per Schiff entlang der dramatischen amalfitanischen Küste nach Salerno. Hier weitet sich die Landschaft, Berge und Hügel treten zurück, lassen aussichtsreiche Promenaden wie dem **Lungomare Trieste** am Meerufer zu und geben der geschäftstüchtigen Stadt (140 000 Einw.) am gleichnamigen Golf viel Raum.

Ihre Ursprünge reichen bis in das 5. Jh. v. Chr. zurück. Die etruskisch-samnitische Gründung, ab 195 v. Chr. römische Kolonie mit Namen *Salernum*, gelangte im frühen Mittelalter unter die Herrschaft von Lombarden und Normannen. Damals genoss sie auch als Sitz einer bedeutenden **Medizinschule** europäischem Ansehen und trug den Beinamen ›Stadt des Hippokrates‹. In den Krankenhäusern ihrer zahlreichen Klöster fanden Heilungssuchende von weit her Aufnahme.

Im 11. Jh. saß der normannische Eroberer Robert Guiscard im *Castello di Arechi* hoch über dem Golf, plante im mildschönen Ambiente schattiger Olivenhaine die Inbesitznahme Süditaliens und Siziliens. Zugleich regte er aber auch den Umbau der seit dem 9. Jh. bestehenden Matthäus-Kathedrale an.

Der **Duomo San Matteo**, gegen Ende des 11. Jh. im arabisch-normannischen Stil errichtet, erfuhr später zahlreiche Umbauten, wurde in Kriegen und von Erdbeben beschädigt, baulich mehrmals unglücklich dem Zeitgeist angepasst und schließlich wieder in den Originalzustand zurückversetzt. Feierlich rahmen antike Säulen aus Paestum das Atrium, setzen einen bewussten Kontrast zum wuchtigen, 1000-jährigen Campanile. Durch die im 11. Jh. in Konstantinopel gegossenen *Bronzetore*, unter einen großen Mosaikbild des Evangelisten Mathäus betritt man den dreischiffigen **Innenraum**, der einige Kunstschätze von Rang birgt. Bemerkenswert sind zwei prächtige *Ambone* aus dem 12. Jh., wertvolle Mosaiken aus der Normannenzeit, ein kunstvoller Osterleuchter und die Grabmäler des 1085 in Salerno gestorbenen Papstes Gregor VII. und der Margareta von Anjou. Elfenbeinarbeiten sind die großen Kostbarkeiten im benachbarten **Museo del Duomo**.

In der früheren Abtei San Benedetto östlich des Duomo präsentiert das **Museo Archeologico Provinciale** (tgl. 9–15.30 Uhr) interessante Ausgrabungsfunde von der Steinzeit bis zur klassischen Epoche. Glanzstück ist der späthellenistische Bronzekopf des *Apoll*, den Taucher 1930 aus dem Golf von Salerno bargen.

Doch Salerno bietet nicht nur eindrucksvolle Zeugnisse seiner Vergangenheit: Hübsche Geschäfte, Cafés und Modeboutiquen locken sowohl im male-

Blick über den Hafen von Salerno auf die malerische Golfkulisse **(oben)** *und über eine antike Straße von Paestum auf den Tempio di Nettuno* **(unten)**

risch-mittelalterlichen **Centro storico** als auch in der Fußgängerzone des Corso Vittorio Emanuele zur Passeggiata.

Praktische Hinweise

Information: EPT, Via Vela 15, Salerno, Tel. 0 89 23 04 11, Fax 0 89 25 18 44

Hotel

****Lloyd's Baia**, an der SS Richtung Vietri sul Mare, Tel. 08 97 63 31 11, Fax 08 97 63 36 33, www.sogliahotels.com/lloydsbaia. Zimmer mit prächtiger Aussicht über den Golf, Lift zum Strand, Strandbad.

Restaurant

Sea Garden, Via Torre Angellara, Salerno, Tel. 0 89 33 12 60. Hier isst man am schönsten abends im Freien.

38 Paestum

Berühmt ist die einstige Stadt des Meergottes Poseidon wegen ihrer majestätischen Tempelruinen.

Man kann Paestum von Salerno aus gut mit dem Zug erreichen. Per Auto geht es entweder auf der A 3 Salerno – Reggio Calabria bis Battipaglia und anschließend auf der SS 18 oder auf der Küstenstraße über Spineta Nuova.

Paestum, einst am Meer, heute inmitten weiter grüner Wiesen, im 7. Jh.v. Chr. als **Poseidonia** von Griechen aus der reichen, lebensfrohen, ostitalienischen Kolonie *Sybaris* angelegt, erlebte seine *Blütezeit* im 6. und 5. Jh. v. Chr. An der Wende zum 4. Jh. v. Chr. fiel die Siedlung in die Hände der Lucaner, 273 v. Chr. zogen die Römer ein und gaben ihr den Namen *Paestum*.

Durch Überschwemmungen, Malariaepidemien und die Sarazenenüberfälle wurde die Bevölkerung dezimiert – das einst so stolze und wohlhabende Gemeinwesen geriet in Vergessenheit, die Bauten versanken im wildwuchernden Grün der Sumpflandschaft. Erst 1745 hat man die prächtigen **Tempel** wieder entdeckt und vom Gestrüpp befreit. Das Gelände wurde von den Archäologen gesichtet, doch der Boden birgt immer noch viele Geheimnisse.

Man betritt die im 5. Jh. v. Chr. wehrhaft ummauerte Stadt durch die **Porta della Giustizia** [1] (tgl. 9 Uhr bis 1 Std. vor Sonnenuntergang) und folgt der 1907 freigelegten Via Sacra. Wissenschaftler haben den ersten mächtigen Tempel auf der rechten Seite mit seinen vom Wind blank gefegten, sockellosen Säulen **Basilica** [2] getauft, da sie ihn zunächst für eine Versammlungshalle hielten. Dieses *älteste Heiligtum* Paestums war der Zeusgattin **Hera** geweiht und wurde um die Mitte des 6. Jh. v. Chr. erbaut. Die von Ost nach West ausgerichteten *archaisch-dorischen* Säulen mit flachen Kapitellen stemmen zwar nur mehr Reste des Gesimses, doch die Wirkung ist noch immer gewaltig.

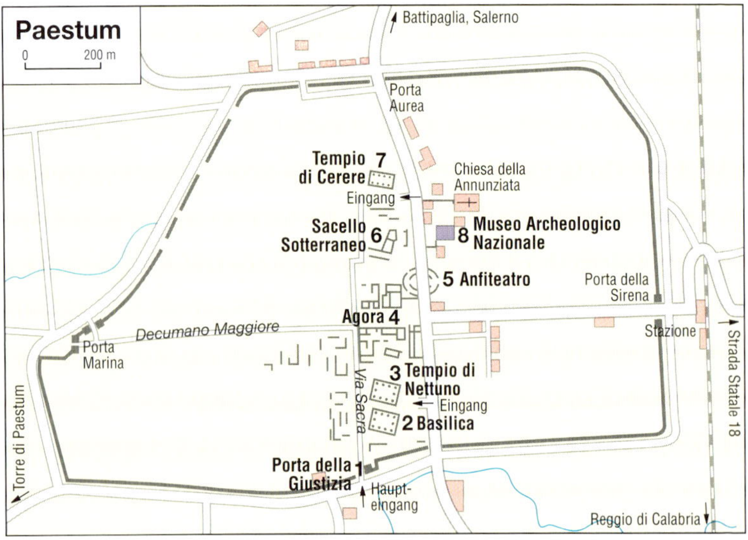

Todessprung ins kühle Nass – bewegendes Fresko aus der Tomba del Tuffatore

Wenige Schritte entfernt steht der **Tempio di Nettuno** [3]. Dieser Tempel des Poseidon war neuesten Untersuchungen zufolge gar nicht dem Meeresgott, sondern der Hera Argiva geweiht. Das gut erhaltene, *klassisch-dorische* Bauwerk aus dem 5. Jh. v. Chr., dessen Travertin in warmen Gelbtönen schimmert, gilt als einer der großartigsten erhaltenen griechischen Tempel außerhalb des Mutterlandes. Eindrucksvoll ist die *Harmonie* der 36 neun Meter hohen, sich nach oben verjüngenden **Säulen**, die den Frontgiebel und die Verstrebungen über der dreischiffigen **Cella**, dem Kultraum des Tempels, tragen. Der heute in seiner Schmucklosigkeit würdevoll wirkende Tempel bezauberte einst durch bunte Bemalung und reiche Verzierungen.

Im Jahr 1931 wurden nördlich des Tempels die spärlichen Reste der griechischen **Agora** [4], des späteren römischen **Forums**, freigelegt. Dies war der Versammlungsort der Städter, der Treffpunkt von Händlern und Bauern, die hier ihre Waren feilboten, sich berieten und feilschten und nach Abschluss ihrer Geschäfte fröhlich zu den Tempeln der Laren und der Fortuna Virilis spazierten, zum Gymnasium und zum römischen **Anfiteatro** [5] (1. Jh. n. Chr.), um sich an Gladiatorenkämpfen zu ergötzen.

Die Via Sacra führt am **Sacello Sotterraneo** [6], dem unterirdischen Heiligtum der Hera aus dem 6. Jh. v. Chr., vorüber zum **Tempio di Cerere** [7], der ursprünglich Athena geweiht war. Beinahe ungriechisch erscheint der hohe, ursprünglich bemalte Giebel, der sich wie eine Krone über den Säulen der Stirnseite erhebt.

11 km außerhalb der Stadtmauern, an der Mündung des Flusses Sele, fand man 1934 die Reste eines *archaischen Heiligtums* der Hera Argiva aus dem 7. Jh.v. Chr. Die wertvollen Funde werden im 1952 erbauten **Museo Archeologico Nazionale** [8] (tgl. außer 1. und 3. Mo im Monat 8.45–19.45 Uhr) jenseits der Nationalstraße präsentiert. Neben den herrlichen **Metopen** aus dem Heraion an der Selemündung zeigt man hier prachtvolle Bronzevasen aus dem Sacello Sotterraneo, darüber hinaus Terrakottastatuen und Votivtafeln.

Bedeutendes kam auch in den **Nekropolen** von Paestum zutage: die bunten Grabplatten der Lucaner, farbenprächtige Grabmalereien aus römischer Zeit – und im Jahre 1968 schließlich als Sensation die **Tomba del Tuffatore**, das Grab des Tauchers, zwischen 490 und 480 v. Chr. angelegt, aus dem die einzig erhaltenen Grabmalereien der griechischen Klassik stammen. Vor allem das Bild des elegant im Kopfsprung aufs Wasser zufliegenden Jünglings, vermutlich symbolisch das Eintauchen des Verstorbenen in die jenseitige Welt darstellend, ist ein begeisterungswürdiges Meisterwerk.

i Praktische Hinweise

Information: AACST, Via Magna Graecia 151, Paestum, Tel. 08 28 81 10 16, Fax 08 28 72 23 22

Hotel

******Ariston**, Via Laura 13, Paestum, Tel 08 28 85 13 33, Fax 08 28 85 15 96, www.hotelariston.com. Komfortables Hotel mit Schwimmbad und Tennisplätzen.

Restaurant

Nettuno, Via Principe di Piemonte, Paestum, Tel. 08 28 81 10 28. Lokal mit schöner Sommerterrasse, nahe bei den Ausgrabungen (Mitte Nov.–Mitte Febr. geschl.).

Golf von Neapel aktuell A bis Z

Vor Reiseantritt

ADAC Info-Service:
Tel. 0 18 05 / 10 11 12,
Fax 0 18 05 / 30 29 28 (0,12 €/Min.)

ADAC im Internet:
www.adac.de
www.adac.de/reisefuehrer

Golf von Neapel im Internet:
www.enit.it/de
www.portanapoli.com
www.inaples.it
www.regione.campania.it

Informationen erteilt das **Staatliche Italienische Fremdenverkehrsamt ENIT** (Ente Nazionale Italiano per il Turismo):

Prospekt-Bestellung:
Tel. 0 08 00/00 48 25 42 (gebührenfrei)

Deutschland
Kontorhaus Mitte, Friedrichstr. 187, 10117 Berlin, Tel. 0 30/2 47 83 98, Fax 2 47 83 99, enit-berlin@t-online.de

Kaiserstr. 65, 60329 Frankfurt/Main, Tel. 0 69/23 74 30, Fax 23 28 94, enit.ffm@t-online.de

Lenbachplatz 2, 80333 München
Tel. 0 89 / 53 13 17, Fax 53 45 27, enit-muenchen@t-online.de

Österreich
Kärntnerring 4, 1010 Wien,
Tel. 01/5 05 16 39, Fax 5 05 02 48, delegation.wien@enit.at

Schweiz
Uraniastr. 32, 8001 Zürich,
Tel. 0 12 11 30 31, Fax 0 12 11 38 85, enit@bluewin.ch

Allgemeine Informationen

Reisedokumente

Reisepass oder Personalausweis, für Kinder unter 16 Jahren ein Kinderausweis oder Eintrag im Elternpass.

Kfz-Papiere

Nötig sind Führerschein, Fahrzeugschein und Internationale Grüne Versicherungskarte. Wer einen fremden Wagen fährt, sollte eine Vollmacht des Fahrzeughalters mit sich führen.

Krankenversicherung und Impfungen

Die **Auslandskrankenscheine** der deutschen und österreichischen Krankenkassen garantieren eine kostenlose Behandlung in den öffentlichen Krankenhäusern und bei Vertragsärzten. Allerdings muss man die Scheine vorher bei der örtlichen USL (Unità Sanitaria Locale) abstempeln lassen, um ein Heft mit Berechtigungsscheinen zu erhalten. Es ist ratsam, zusätzlich eine **Auslandskrankenversicherung** abzuschließen.

Auch nach 2000 Jahren ein Fest für die Augen – in der pompejanischen Villa dei Misteri schildert ein geheimnisvoller Freskenzyklus Initiationsriten, die Teil der Mysterienspiele zu Ehren des Dionysos waren

Für **Hunde** und **Katzen** ist bei Reisen innerhalb der EU ein gültiger, vom Tierarzt ausgestellter EU Heimtierausweis vorgeschrieben, ebenso Kennzeichnung durch Mikrochip oder Tätowierung. Bis zum Jahr 2011 gelten Übergangsregelungen.

Zollbestimmungen

Reisebedarf für den persönlichen Gebrauch obliegt *innerhalb der EU* keinen Beschränkungen und darf abgabenfrei eingeführt werden. *Richtmengen* für den Privatreisenden: 800 Zigaretten, 400 Zigarillos, 200 Zigarren, 1 kg Tabak, 10 l Spirituosen, 20 l Zwischenerzeugnisse, 90 l Wein (davon max. 60 l Schaumwein), 110 l Bier.

Bei Reisen von und durch Drittländer (z. B. Schweiz) dürfen zollfrei mitgeführt werden: 1 Stange Zigaretten, 1 l Spirituosen über 22 % oder 2 l Spirituosen unter 22 %, 50 ml Parfum, 250 ml Eau de Toilette, 500 g Kaffee und 100 g Tee.

Geld

Die gängigen *Kreditkarten* werden in Banken, Hotels und vielen Geschäften akzeptiert.

Wer sich hier wohl in der Garderobe vergriffen hat? Festlicher Umzug in Amalfi

An zahlreichen *Geldautomaten* kann man rund um die Uhr Geld abheben. Auch mit der *Postbank SparCard* erhält man an VISA-PLUS-Automaten rund um die Uhr Geld.

Tourismusämter im Land

In vielen der beschriebenen Orte [s. **Praktische Hinweise**] gibt es Außenstellen der *Tourismusämter* oder *Informationsbüros* der EPT, APT, ASCT oder AACST. Prospekte und Broschüren in Deutsch sind nicht überall erhältlich.

Aktuellste Informationen enthält das monatlich erscheinende Magazin ›Qui Napoli‹, das bei der AACST, Palazzo Reale, Piazza Plebiscito, 80232 Napoli gratis bezogen werden kann und in vielen Hotels vorliegt.

Notrufnummern

Polizeinotruf, Unfallrettung: Tel. 113

Polizei (Carabinieri): Tel. 112

Notarzt: Tel. 118

Feuerwehr (Vigili del fuoco): Tel. 115

ACI-Pannendienst (Soccorso Stradale): Tel. 803 116, Mobil-Tel. 800 116 800 (rund um die Uhr). Man achte auf gelbe Notrufsäulen an den Autobahnen (ca. alle 2 km).

ADAC-Notrufstation Italien:
Tel. 02 66 15 91

ADAC-Notrufzentrale München:
Tel. 00 49/89/22 22 22 (rund um die Uhr)

ADAC-Ambulanzdienst München:
Tel. 00 49/89/76 76 76 (rund um die Uhr)

Österreichischer Automobil Motorrad und Touring Club
ÖAMTC Schutzbrief-Nothilfe:
Tel. 00 43/(0)1/2 51 20 00

Touring Club Schweiz
TCS Zentrale Hilfsstelle:
Tel. 00 41/(0)2 24 17 22 20

Bei Unfällen mit *Sachschäden* ist es dringend erforderlich, die Versicherungsanstalt und die Versicherungsnummer des Unfallgegners zu notieren. Bei Unfällen mit *Personenschäden* muss die Polizei verständigt werden. Da landwirtschaftliche Fahrzeuge und Mopeds in Italien nicht versichert sind, sollte eine *Vollkaskoversicherung* für die Reisedauer abgeschlossen werden. Bei Autodiebstählen wende man sich an die nächste Polizeidienststelle (Auskunft über ACI).

Diplomatische Vertretungen

Deutschland

Deutsches Konsulat, Via Crispi 69, Neapel, Tel. 08 12 48 85 11, Fax 08 17 61 46 87, www.deutschesgeneralkonsulat-neapel.it

Österreich

Österreichisches Konsulat, Corso Umberto I 275, Neapel, Tel./Fax 0 81 28 77 24

Schweiz

Konsulat, Via dei Mille 16, Neapel, Tel. 08 14 10 70 46, Fax 0 81 40 09 47, vertretung@nap.rep.admin.ch

Besondere Verkehrsbestimmungen

Tempolimits (in km/h): Für Pkw, Motorräder und Wohnmobile gilt innerorts 50, außerorts 90, auf Schnellstraßen 110 und auf Autobahnen 130 (auf dreispurigen Autobahnen gemäß Beschilderung 150). Für Wohnmobile über 3,5 t gilt außerorts 80, auf Autobahnen 100; Pkw mit Anhänger dürfen außerorts und auf Schnellstraßen maximal 70, auf Autobahnen 80 fahren.

Motorrad- und Mopedfahrer müssen immer mit **Abblendlicht** fahren, Autofahrer nur außerhalb geschlossener Ortschaften.

Es besteht **Gurtanlegepflicht**. Kinder unter 12 Jahren müssen auf dem Rücksitz befördert werden. Das **Telefonieren** während der Fahrt ist nur mit Freisprechanlage erlaubt. Das **Nationalitätenkennzeichen** ist Pflicht, es sei denn, das Fahrzeug besitzt ein EU-Kennzeichen. Jede Person, die im Falle einer Panne oder eines Unfalls auf offener Straße den Wagen verlässt, muss eine reflektierende **Warnweste** tragen.

Die **Promillegrenze** liegt bei 0,5.

Öffentliche **Parkplätze** sind durch weiße oder blaue Markierungen gekennzeichnet. Die ›blauen‹ Parkplätze sind gebührenpflichtig. **Parkverbot** besteht an schwarz-gelb markierten Bordsteinen, Straßenbahnen haben immer Vorfahrt.

Wichtig: Jede Ladung, die nach hinten überragt (Surfbretter, Boote, Fahrradständer), muss mit einer 50 × 50 cm großen, rot-weiß-roten reflektierenden *Warntafel* versehen sein. Keine Ladung darf über die Vorderkante des Fahrzeugs hinausragen.

Anreise

Auto

Umfangreiches **Informations-** und **Kartenmaterial** können Mitglieder des ADAC kostenlos bei den ADAC-Geschäftsstellen oder unter Tel. 0 18 05/10 11 12 (0,12 €/Min.) anfordern. Außerdem sind im ADAC Verlag (www.adac.de/karten) die Länderkarte *Süd-Italien* (1:500 000) sowie das Reisemagazin *Süditalien* erschienen.

Die wichtigsten **Routen** aus Deutschland führen über Österreich nach Italien: Brennerautobahn, anschließend über die Autobahn nach Rom und weiter nach Neapel (A 22 bis Modena, A 1 bis Neapel), schließlich A 3 Richtung Salerno. Um die *Amalfitana* zu erreichen, wechselt man bei Castellamare auf die SS 366 über. Die beste Anfahrtsroute über die Schweiz: Zürich – St. Gotthard – Mailand (A 9) – Bologna (A 1) – Rom und Neapel (A 1).

Zur Benutzung der *österreichischen* Autobahnen und Schnellstraßen benötigt man eine **Vignette**. Es gibt sie in drei Kategorien: für ein Jahr, für 2 Monate und für 10 Tage. Man erhält die Aufkleber bei Tankstellen, Trafiken und Postämtern.

Auf den Autobahnen der *Schweiz* herrscht ebenfalls **Vignettenpflicht**. Die jeweils ein Kalenderjahr gültigen Aufkleber kann man auch schon vor Reiseantritt in Postämtern oder in den ADAC-Geschäftsstellen erwerben.

Die **Autobahngebühren** in *Italien* werden nach Fahrzeugkategorien und den jeweils zurückgelegten Teilstücken berechnet. Die Maut wird bei der Autobahnabfahrt bezahlt. Besitzer der Viacard, die in den ADAC-Geschäftsstellen, in Italien bei Banken, Sparkassen und an Kiosken erhältlich ist, werden auf eigenen Fahrspuren bargeldlos abgefertigt. Da fehlende Beträge nicht mit Bargeld beglichen werden können, ist darauf zu achten, dass noch genügend Kredit auf der Viacard vorhanden ist, um die Gebühr zu bezahlen bzw. rechtzeitig eine zweite Viacard bereitzuhalten.

Autobahntankstellen sind durchgehend geöffnet, die meisten übrigen Tankstellen Mo–Fr 7–12.30 und 15–19 Uhr. An Wochenenden machen sie abwechselnd Schichtdienst. An Hauptverkehrsstrecken gibt es vollautomatische *SB-Tankstellen*, die Geldscheine annehmen.

Bahn und Autozug

Direktverbindung gibt es ab *München*. Sonst umsteigen in Bologna, Rom oder Mailand. Die empfehlenswerten IC-Züge Rom–Neapel kommen meistens in der Station Neapel-Mergellina an (vom Hafen Mergellina fahren Aliscafi (Tragflügelboote) zu den Inseln und nach Sorrent.

Fahrplanauskunft:

Deutschland

Deutsche Bahn, Tel. 01 18 61 (persönliche Auskunft, gebührenpflichtig), Tel. 08 00/1 50 70 90 (sprachgesteuert), www.bahn.de

Deutsche Bahn AutoZug, Tel. 0 18 05/24 12 24, www.autozug.de (Autozüge verkehren von München nach Neapel.)

Österreich

Österreichische Bundesbahn, Tel. 05 17 17, www.oebb.at

Schweiz

Schweizerische Bundesbahnen, Tel. 09 00 30 03 00, www.sbb.ch

Italien

FS Trenitalia, Tel. 89 20 21, www.trenitalia.it

Bus

Busse fahren von Deutschland nach Neapel und Salerno. Informationen und Buchungen über:

Deutsche Touring, Am Römerhof 17, 60486 Frankfurt/Main, Tel. 0 69/79 03 50, Fax 7 90 32 19, www.deutsche-touring.com

Flugzeug

Direktflüge (Linienflüge) nach Neapel werden von Frankfurt, München, Genf und Zürich aus angeboten; von Wien aus mit Umsteigen in Mailand oder Rom. Während der Saison verbinden *Charterflüge* viele deutsche Städte mit Neapel. Auskünfte erhält man bei **Alitalia**, Tel. 01 80/5 07 47 47 oder bei **Lufthansa**, Tel. 01 80/3 80 38 03.

Der Flughafen **Napoli Capodichino** (NAP) ist 7 km von der Stadt entfernt. **Busse** der *Autolinea Aeroporto* fahren von 6 bis 24 Uhr alle 50 Minuten vom Flughafen zur Piazza Municipio und zurück.

Flughafenauskunft: Tel. 08 17 89 61 11

Bank, Post, Telefon

Bank

Banken sind in der Regel Mo–Fr 8.30–13.30 Uhr geöffnet.

Post

Postämter sind in der Regel Mo–Fr 8.30–13.30, Sa bis 11.45 Uhr geöffnet, Hauptpostämter Mo–Sa 8.30–19 Uhr.

Neapels Hauptpostamt Posta Centrale an der Piazza Matteotti ist Mo–Sa 8.15–19.20, So 8.15–14 Uhr geöffnet.

Im *Ufficio Principale Corrispondenze P.T.* im Hauptbahnhof (Corso Meridionale) ist rund um die Uhr Betrieb.

Hier darf's doch bestimmt auch ein bisschen mehr sein ...

Briefmarken (*Francobolli*) kauft man in Tabakläden (*Tabacchi*) und in Geschäften, die das Monopolzeichen ›T‹ über der Tür führen. Mit dem Aufkleber ›Posta Prioritaria‹ (Briefmarke € 0,62) kommen Briefe und Karten in 2–3 Tagen an. Auf Briefkästen mit der Aufschrift ›Posta Prioritaria‹ achten!

Telefon

Internationale Vorwahlen:

Italien 00 39
Deutschland 00 49
Österreich 00 43
Schweiz 00 41

In Italien ist die Ortsnetzkennzahl fester Bestandteil der Telefonnummern und muss **immer** (inkl. der 0) mitgewählt werden.

Die öffentlichen Telefonzellen funktionieren mit **Telefonkarten** (*Scheda telefonica*). Man erhält sie in Tabakläden, Bars, Bahnhöfen, an Zeitungskiosken etc.

Die Benutzung handelsüblicher **Mobiltelefone** ist in ganz Italien möglich. Man sollte sich vor Reiseantritt über das günstigste Netz vor Ort informieren und das Handy entsprechend programmieren.

Einkaufen

Öffnungszeiten: Geschäfte haben unterschiedlich lange geöffnet. In der Regel gilt: Mo–Sa 8.30 (9)–12.30 (13) Uhr und von 15.30 (16)–19.30 (20) Uhr. Geschäfte in Fremdenverkehrsorten können durchgehend, oft auch bis spätabends geöffnet sein. In **Neapel** bleiben viele Geschäfte montagvormittags geschlossen, haben dafür aber samstagnachmittags geöffnet.

Souvenirs

Das Angebot ist ungemein vielfältig. Von Billigem bis zu reizvollen handwerklichen Erzeugnissen ist alles zu haben.

In *Neapel* kauft man **Mode** vor allem im Chiaia-Viertel, in den Gallerie und in der Fußgängerzone des Vomero-Zentrums. **Antiquitäten** werden vorwiegend in der Altstadt, um die Via San Biagio dei Librai, angeboten, **Goldschmiedearbeiten** an der Piazza Orefici, **Krippenfiguren** findet man in der Via San Gregorio Armeno.

Auf *Procida* kauft man im Hafenbereich von Sancio Cattolico feine **Stickereien** und den berühmten **Zitronenlikör**. *Ischia* ist für **Keramikwaren**, elegante **Bou-**

Pizza, Pizza

Das Rezept für den perfekt gebackenen, runden Hefeteigfladen, die **Pizza napoletana** mit dem einfachen Tomaten- und Sardellenbelag, reiste mit den **Meridiolani**, die zwischen 1880 und 1925 ihre Heimat verließen, nach New York. Rund um die Mulberry Street ließen sich die Auswanderer aus Neapel und dem ländlichen Kampanien nieder und gründeten ein Dorf in der Millionenstadt: **Little Italy**.

Die **Pizze** machten auch in Amerika Karriere: Landesweit wurden nach dem Ende des Zweiten Weltkriegs über 20 000 Pizzerie gegründet. Höchst bescheiden nehmen sich nun die **Pizza Margherita**, einst für Königin Margherita von Savoyen in den Landesfarben Tomatenrot, Mozarellaweiß und Basilikumgrün kreiert, oder die **Pizza aglio, olio e pomodoro** mit Tomaten, Öl und Knoblauch gegen die extravaganten Schöpfungen der Pizzaioli, Tiefkühlketten und Take aways aus, die den Teigfladen als Unterlage für alles und jedes benützen. Die Neapolitaner mögen sich trösten: Nicht alle Neuerungen sind auch Verbesserungen. Die kleinen süditalienischen Tomaten mit der satten Farbe und dem pikanten Aroma, die frischen Meeresfrüchte und die Mozzarella aus Kampanien bleiben unübertroffen.

Pizza & Vino – eine unschlagbare Kombination, die in Neapel besonders authentisch schmeckt

tiquenmode, **Bast-** und **Stroharbeiten** und **Weine** berühmt. Auf *Capri* finden **Leinenkleider** von Yves Dupuis, die herrlichen **Parfums** ›Caprissimo‹ und ›Fiori di Capri‹, handgemachte **Schuhe** und der köstliche **Limoncello** viele Freunde. Bekannt für seinen **Korallenschmuck** und seine **Kameen** ist *Torre del Greco*. *Positano* besitzt eine Fülle von Boutiquen, in denen exklusive **Mode** aus interessanten Stoffen und die berühmten Positaner **Sandalen** angeboten werden. Edles **handgeschöpftes Papier** ist ein beliebtes Mitbringsel aus *Amalfi*. In *Vietri* werden **Keramiken** aller Art und für jeden Geschmack verkauft.

Essen und Trinken

Vom ausgiebigen **Frühstück** (*Prima colazione*) hält man im südlichen Italien wenig. Eine Tasse *Caffè* (Espresso) oder ein *Cappuccino* (Espresso mit geschäumter Milch), oft im Stehen in einer Bar getrunken, und ein *Cornetto* (Teighörnchen) genügen. Die Touristenhotels haben sich jedoch mittlerweile den Gästewünschen angepasst und offerieren Frühstücksbuffets.

Das **Mittagessen** (*Colazione* oder *Pranzo*) wird ab 12.30 Uhr serviert und ist eine leichtere Mahlzeit, die jedoch auch in bescheidenen Restaurants, außer beim *Pizzaiolo* (Pizzabäcker), aus Vorspeise, Hauptgang und Dessert besteht.

Die wichtigste Mahlzeit des Tages ist das **Abendessen** (*Cena*). Es wird ab 19.30 Uhr angeboten und besteht aus mehreren Gängen: Vorspeise (*Antipasto*), Suppe oder Nudelgericht (*Primo piatto*), Hauptgang mit Fisch oder Fleisch (*Secondo piatto*) und *Dessert* (Obst, Süßspeisen oder Käse).

Zu den Preisen auf der Speisekarte kommen noch ein Betrag für *Pane e coperto* (Brot und Gedeck) und ein **Bedienungszuschlag** von 10–15 % hinzu.

Darüber hinaus sind **Trinkgelder** von 10 % des Rechnungsbetrages üblich.

Bei den **Antipasti** locken *Insalata di mare* (Meeresfrüchtesalat), *Peperoni all' olio e* *acciughe freddi* (marinierte Peperoni mit Sardellen), *Carciofini sott' olio* (Artischockenherzen in Öl), *Bresaola con cuore di palma* (gepökeltes Rindfleisch mit Palmenherzen), *Impepata di cozze* (gewürzte Miesmuscheln), *Cavolo all' aceto* (in Essig eingelegtes Kraut), *Mozzarella in carrozza* (mit Brot ausgebackene Mozzarellascheiben), *Funghi sott' olio* (Pilze in Öl), *Insalata di scampi* (Salat mit Scampi) und *Scamorza arrostita su foglie di limone* (geräucherter Mozzarella auf Zitronenblättern).

Der **Primo piatto** besteht meist aus einem Nudelgericht. *Maccheroni, Spaghetti, Vermicelli, Zite, Perciatelli, Fusilli, Linguine, Tagliatelle* und *Cannelloni* kommen mit verschiedensten Saucen auf den Tisch.

Beim **Secondo piatto** spielt das Fleisch eher eine geringe Rolle. Als Spezialitäten werden *Bistecca alla pizzaiola* (Steak mit Tomaten, Knoblauch und Oregano), *Costoletta di maiale alla pizzaiola* (Schweinskotelett mit Tomaten, Knoblauch und Kräutern), *Trippa alla napoletana* (Kutteln) oder *Maiale con capperi* (Schweinefilet mit Kapern) angeboten. Eine Spezialität ist *Coniglio alla ischitana* (Kaninchen nach Art von Ischia), das mit Tomaten, Knoblauch und Wein zubereitet wird.

Besondere Köstlichkeiten sind **Meeresfrüchte und Fische**. Allen voran *Vongole* (Venusmuscheln), *Gamberetti* (Krabben) und *Gamberoni* (Riesengarnelen), *Aragoste* (Langusten) und *Scampi* in vielen verschiedenen Zubereitungsarten. Der Vermerk *cong.* auf der Speisekarte bedeutet *tiefgefroren*.

Typische **Spezialitätengerichte** der kampanischen Fischküche sind u.a.: *Polpetti in cassuola* (Tintenfische nicht in Wasser, sondern mit Tomaten gekocht), *Coda di rospo con porri e porcini* (Seeteufel mit Lauch und Pilzen), *Pesce spada alla menta* (Schwertfisch mit Minze), *Filetti di triglie con salsa di basilico* (Meerbarbenfilets mit Basilikumsauce) und *Sardine alle scapece* (Sardinen, mariniert und gebraten).

Desserts der Region sind: *Babà* (mit Rumsirup getränkter Kuchen), *Torta caprese* (Mandeltorte aus Capri), *Struffoli* (Teigbällchen, gebacken, mit Honig überzogen und Orangenschale aromatisiert), *Tortina a limone* (Sorrentiner Zitronentörtchen) und *Zizze delle monache* (süßes Kleingebäck mit Zitronencreme).

Aus dem historischen Anbaugebiet Kampaniens kommen ausgezeichnete **Weine**: *Bioncolella* aus Ischia (weiß), *Greco di Tufo* (weiß), *Fiano di Avellino* (weiß), *Solopaca Rosso, Falerno* (rot) und *Taurasi* (rot). Der bekannte *Lacrimae Christi* wird in rot und weiß angeboten.

Die Götter, der Nabel, die Pasta

So will es die Legende: **Vulcanus**, der Gebieter über das Feuer, geriet beim Anblick des Nabels der schlafenden **Venus** in solche Verzückung, dass er nach dem Vorbild des keck der Sonne zugewandten Körperteils der Liebesgöttin ein kostbares Geschmeide aus Gold und Juwelen schuf. Aus Unachtsamkeit – oder weil die Erwachende seiner ungeteilten Leidenschaft eiligst bedurfte? – legte Vulcanus das glitzernde Schmuckstück beiseite. Ein tumber Kochlehrling fand es, identifizierte es als höchst brauchbare Teigform, stach kleine Kreise damit aus und erzeugte so die ersten **Tortellini**.

Tatsächlich ranken sich um die **Pasta** unendlich viele Legenden. Der mit Leidenschaft ausgetragene Disput, ob die Rezepte zur Nudelherstellung mit den ersten italienischen Fernreisenden nach China oder von dort nach Italien gelangten, wurde vor zwei Jahrzehnten von chinesischen Archäologen entschieden: Sie fanden im Oasengebiet von Turfan 1000-jährige Röllchen aus Weizenteig und zwei vertrocknete, ravioliähnliche Teigtaschen. Dies bedeutete, dass die ersten chinareisenden Italiener, der von Papst Pius IV. 1245 in die Mongolei entsandte Franziskanermönch **Giovanni Pian de Carpini** und **Marco Polo**, der erst 26 Jahre später aufbrach, zu spät kamen, um Chinas Kochkunst bereichern zu können.

Wer nach Kampanien fährt, tut jedoch gut daran, nicht mit seiner Kenntnis der historischen Herkunft der Pasta zu prahlen. Man lasse es dabei: In Neapel wurden die adrett und vielfältig geformten Teigwaren erfunden.

Feste und Feiern

Feiertage

1. Januar (*Capodanno*, Neujahr), 6. Januar (*Epifania*, Heilige Drei Könige), Ostersonntag (*Pasqua*) und Ostermontag (*Pasquetta*), 25. April (*Liberazione*, Fest der Befreiung von Faschismus und deutscher Besatzung 1945), 1. Mai (*Festa del Lavoro*, Tag der Arbeit), 15. August (*Ferragosto*, Mariä Himmelfahrt), 1. November (*Ognissanti*, Allerheiligen), 8. Dezember (*Immacolata Concezione*, Mariä Empfängnis), 25./26. Dezember (*Natale*, Weihnachten).

Feste

Dazu kommen noch die *Festtage der lokalen Schutzheiligen*. In Neapel ist das der 19. September (Geburtstag von San Gennaro). Jedes Jahr findet außerdem eine Fülle von termingebundenen **Festen** und **Veranstaltungen** statt. Im Folgenden eine Auswahl der wichtigsten Ereignisse.

Januar

Neapel, Amalfi, Maiori: Beginn des Carnevale mit teils sehr farbenfrohen Umzügen.

Amalfi (6.): stimmungsvolle Prozession der Hirtenknaben und Weisen aus dem Morgenland.

Barano d'Ischia (20.): Patronatsfest zu Ehren von San Sebastiano.

März

Ischia Ponte (5.): Kirchenfest für den Schutzpatron San Giovan Giuseppe della Croce.

März/April

Kampanien (Karfreitag/Venerdi Santo): malerische Karfreitagsprozessionen in vielen Orten, die aufsehenerregendste – mit Mysterien-Aufführungen – findet auf **Procida** (Ausgangspunkt: Cattedrale) statt.

Forio (Ostersonntag): historischer Engelslauf *Corsa dell'Angelo*. Feierliche Prozession mit den Heiligenfiguren aus der Visitapoveri-Kirche.

Mai

Neapel (1. Wochenende): Blutwunder des San Gennaro im Dom.

Castellammare di Stabia (letzter So im Mai): *Sagra della Patata*, Kirchweihfest zu Ehren der Kartoffel.

Andächtige Blicke zu Füßen des Heiligen: Im Dom von Amalfi ruhen die Gebeine von Sant'Andrea

Capri (14.): Patronatsfest zu Ehren des Schutzpatrons Constantius mit farbenprächtiger Prozession. Volksfeststimmung und Feuerwerk.

Torre del Greco (8 Tage nach Fronleichnam): *Festa dei Quattro Altari* mit einem großen Umzug und korallengeschmückten Altären.

Lacco Ameno (17.): Volksfest und Prozession zu Ehren der Schutzpatronin Restituta, anschließende Bootsprozession.

Juni

Amalfi (1. Sonntag): historische Regatta der vier Seerepubliken (nur alle 4 Jahre).

Anacapri (13.): viel Folklore im Umfeld der Prozession zu Ehren des hl. Antonius von Padua.

Amalfi (27.): stimmungsvolle Prozession mit Fest und Feuerwerk zu Ehren des Ortsheiligen Sant' Andrea.

Juli

Sorrent (1. Sonntag): *Festa di Sant'Anna* mit eindrucksvoller Bootsprozession.

Neapel (15./16.): Fest der Madonna del Carmine, bei dem Lichteffekte einen Brand des Kirchturms vortäuschen.

Ischia Ponte (26.): Volksfest zu Ehren der hl. Anna in der Cartaromana-Bucht mit Illumination der Gebäude, Feuerwerk und auf den Wassern schwimmenden Lichtern.

Wie lange sollen die besten Flaschen im Weinkeller von ›Don Alfonso‹ in Sant'Agata sui Due Golfi denn noch ruhen?

August

Procida: *Sagra del Mare* mit Bootswettkämpfen und Wahl der Inselkönigin.

Positano (15.): nachgestellte Sarazenenschlacht mit großem Feuerwerk.

September

Ischia (1. Sonntag): Bootsprozession von Ischia Ponte nach Ischia Porto.

Forio (8.): Wallfahrt zur kleinen Kirche am Monte Epomeo.

Neapel (19.): zweites Blutwunder des San Gennaro im Dom.

Procida (29.): Fest zu Ehren des Schutzpatrons San Michele Arcangelo.

November

Amalfi (30.): Eine riesige Büste des Sant'Andrea wird im Laufschritt durch die Stadt getragen.

Dezember

Torre del Greco (8.): große Madonnenprozession mit Feuerwerk.

Neapel: malerischer Weihnachtsmarkt im Krippenviertel San Gregorio Armeno.

Neapel (16.): drittes Blutwunder des San Gennaro im Dom.

Amalfi (24.): Krippenausstellung und Unterwasserprozession der Tauchsportler zur Krippe in der Grotta dello Smeraldo.

Klima und Reisezeit

Frühling und **Herbst** sind die beste Reisezeit für Italiens Süden. Von März bis Mitte Juni und von September bis Anfang November findet man in Neapel und Umgebung die besten klimatischen Bedingungen vor. Spätherbst und Winter sind regenreich. Viele Hotels in *Sorrent* und *Positano* sind während der Wintermonate geschlossen.

Auf den **Inseln** beginnt die Saison im April und endet im Oktober. Im Vergleich zu Neapel sind die Inseltemperaturen im Sommer etwas niedriger, im Winter etwas höher.

Klimadaten Neapel

Monat	Luft (°C) min./max.	Wasser (°C)	Sonnen-std./Tag	Regen-tage
Januar	5/13	13	4	10
Februar	5/13	13	5	9
März	6/15	14	6	8
April	8/18	15	7	7
Mai	12/23	17	8	6
Juni	16/27	21	9	4
Juli	17/29	24	10	2
August	18/30	25	10	3
September	17/28	24	8	6
Oktober	14/24	21	6	9
November	8/18	18	5	11
Dezember	7/16	15	4	12

Kultur live

Theater und Konzerte

Teatro di San Carlo, Via San Carlo 98, Neapel, Tel. 08 17 97 23 31, 08 17 97 24 12, www.teatrosancarlo.it. Eines der wichtigsten Opernhäuser in Europa. Die Kasse ist Di–So 10–15 Uhr geöffnet sowie 1 Std. vor Veranstaltungsbeginn. Saison Dezember bis Juni.

Teatro Bellini, Via Conte di Ruvo, Neapel, Tel. 08 15 49 96 88, www.teatrobellini.it. Opernhaus von 1864 nahe dem Museo Nazionale.

Conservatorio San Pietro a Maiella, Via San Pietro a Maiella, Neapel, Tel. 08 15 64 44 11. Konzerte in zwei Hallen.

Teatro Mercadante, Piazza Municipio 1, Neapel, Tel. 08 15 51 33 96. Oper, Schauspiel, Ballett.

Teatro Diana, Via Luca Giordano 64, Neapel, Tel 08 15 56 75 27, www.teatrodiana.it. Musiktheater.

Teatro Sannazaro, Via Chiaia 157, Neapel, Tel. 0 81 41 17 23, www.teatrosannazaro.it. Erfolgsstücke, modernes Theater.

Teatro Politeama, Via Monte di Dio a Pizzofalcone 80, Neapel, Tel. 08 17 64 50 16. Volksschauspiele.

Kulturelle Veranstaltungen

Die meisten Veranstaltungen finden zwischen Juni und August statt.

In **Neapel** dienen *Castel Nuovo*, *Castel Sant' Elmo* und *Castel dell' Ovo* im *Estate a Napoli* als Rahmen für Konzerte und kulturelle Veranstaltungen (Juni bis August, Info über AACST, Tel. 08 40 23 94).

Autunno Musicale Napoletano, Herbstkonzerte im Teatro San Carlo, Teatro Bellini, Duomo, Conservatorio etc. (Sept./Okt., www.teatrosancarlo.it).

Philharmonische Woche, Septemberkonzerte in der Walton-Stiftung bei **Forio** (Ischia).

Auf **Capri** haben die *Concerti della Stagione Caprese* ein hohes Niveau (Juni bis September, Info über AACST, Tel. 08 18 37 04 24).

In **Ravello** kann man *klassische* und *Jazzkonzerte* besuchen (Juni bis August, Info über AACST, Tel. 0 89 85 70 96).

Im Oktober finden in Sorrent die *Incontri Internazionali del Cinema* statt (Info über AAS, Tel. 08 18 07 40 33).

Museen und Kirchen

Museen

Die **Öffnungszeiten** der Museen sind u. a. von der Saison abhängig und können alle paar Monate geändert werden. Montags sind fast alle Sammlungen geschlossen. Detaillierte Angaben finden sich im Haupttext, davon abweichende Öffnungszeiten sind oft auf **unvorhersehbare** Notwendigkeiten zurückzuführen. Viele Sammlungen bleiben auch während der **Feiertage** geschlossen.

Parks und **Archäologische Stätten** sind in der Regel von 9 Uhr bis 1 Std. vor Sonnenuntergang geöffnet. Um Enttäuschungen zu vermeiden, muss man wissen, dass die meisten Kunstwerke der freigelegten antiken Städte in das *Museo Archeologico Nazionale* in Neapel und in das *Museo Archeologico dei Campi Flegrei* in Baia gebracht wurden.

Freien oder vergünstigten Eintritt in diverse Museen und Ausgrabungsstätten sowie Preisnachlässe bei kulturellen Veranstaltungen bietet die **campania artecard**, die 3 Tage (inkl. freie Nutzung öffentlicher Verkehrsmittel) bzw. 7 Tage (ohne öffentliche Verkehrsmittel) gültig ist. Sie kann in Neapel am Flughafen und Hauptbahnhof, in Reisebüros, in wichtigen Museen, großen Hotels und an Kiosken, auch über www.campaniartecard.it erworben werden.

Kirchen

Besichtigungen während der *Gottesdienste* sollten vermieden werden. In den Mittagsstunden sind die Kirchen in der Regel geschlossen. Kleine Kirchen in abgelegenen Orten sind meist verschlossen. In den Häusern der Nachbarschaft findet sich jedoch zumeist jemand, der weiß, wo der Schlüssel aufbewahrt wird.

Nachtleben

Ein umfangreiches Angebot an Lokalen sorgt für nächtliches Amüsement nach jedermanns Geschmack.

Beliebt sind die Lokale mit Livemusik, wobei die *Canzoni napoletane* einen besonderen Stellenwert besitzen.

Neapel

La Mela, Via dei Mille 40, Tel. 0 81 41 02 70. Schicke Disco für schicke Leute.

Marabú Club, Via Toma 5, Tel. 08 15 56 57 84. Beliebter Klub am Vomero.

Otto Jazz Club, Salita Cariati 23 A, Tel. 08 15 51 74 53. Am Wochenende präsentiert die älteste Jazzbühne der Stadt Live Swing.

Pinterré, Via Partenope 12, Tel. 08 17 64 98 22. Die Bar mit Disco liegt voll im Trend.

Pozzuoli

Havana Club, Via Campana, Tel. 08 15 26 42 15. Restaurant und Diskothek mit südamerikanischem Ambiente.

Ischia Porto

Bambo, am Hafen, Tel. 0 81 99 17 83. Moderne, lustige Diskothek.

Giardino degli Aranci, Via Enea 4, Tel. 0 81 99 11 50. Gartenrestaurant mit Musik.

Casamicciola Terme

El Capricho de Calise, Via Marina 26, Tel. 0 81 99 47 24. Eine Mischung aus Pizzeria und Nachtbar für junge Leute.

Forio

Area, Via Cava delle Pezze, Tel. 0 81 99 83 60. Lebhafte Diskothek.

Movida, Via Torrione (Treppen vom Hafen). Diskothek mit ohrenbetäubender Klangkulisse und jungem Publikum.

Sant'Angelo

La Tavernetta, Via Sant'Angelo 77, Tel. 0 81 99 92 51. Taverne mit Livemusik.

Die Nacht ist immer wieder jung in den Diskotheken rund um den Golf

Capri

Atmosphere, Via Camerelle 61 bis, Capri, Tel. 0818 37 6011. In-Disco und Piano-Bar.

Underground by Havanna, Via G. Orlandi 259, Anacapri, Tel. 08 18 37 25 23. Capreser Nachtklub mit Livemusik an Samstagen.

Sorrent

The Club, in der Nähe der Piazza Tasso. Sommerdisco auf mehreren Ebenen des Plateaus.

Positano

Music On the Rocks, Marina Grande. Disco, deren Besuch sich allein schon wegen ihrer Lage lohnt.

Sport

Kommunale Einrichtungen und die Anlagen der großen Hotels, die abwechslungsreiche Küste und das verlockende Hinterland lassen eine Fülle von sportlichen Betätigungen zu.

Baden

In der näheren Umgebung *Neapels* sind die Strände an den Wochenenden überfüllt und wenig einladend.

Da die Region mit Ausnahme von *Ischia* und *Procida* über keine nennenswerten Sandstrände verfügt, weichen Badende an den buchtenreichen Steilküsten von *Sorrent*, *Capri* und an der *Amalfitana* auf die **Stabilimenti** oder **Bagni** (Badeanstalten) aus. Sie bieten selbst in den kleinen Felsbuchten Plattformen, von denen aus man bequem ins Wasser gelangt, darüber hinaus Liegen und Sonnenschirme, kleine Restaurants oder Snack-Bars.

Die schönsten Badebuchten gibt es auf *Capri* und entlang der *Amalfitana*.

Capri

Bagni di Tiberio: kleine Badeanstalt an der Nordküste mit Blick auf die Ruinen des römischen Palazzo a Mare.

Marina Piccola: kleine Felsenbuchten und Kiesstrände auf beiden Seiten der Felsnase Scoglio delle Sirene. Gut ausgestattete *Bagni*, z. B. Da Luigi.

Spiaggia degli Faraglioni: romantische Badeanstalten, mit Boot oder über Treppen erreichbar, ganz in der Nähe der Faraglioni.

Anacapri

Spiaggia Punta Carena: weit abgelegener Strand beim Leuchtturm im äußersten Südwesten der Insel.

Sorrent

Marina San Francesco: winzige Badeplätze am Felsenstrand, mit Hotellifts erreichbar.

Massa Lubrense

Marina della Lobra: romantische Felsbuchten, oft über Stufen erreichbar, sauberes Wasser.

Positano

Marina Grande: kleiner öffentlicher Strand direkt beim Hafen.

Fornillo: Kiesstrand zwischen zwei alten Wachtürmen (Fußweg vom Hafen).

Amalfi

Marina: kleine Strandbucht neben der Hafenmole.

Die schönsten **Sandstrände** sind:

Procida

Spiaggia Ciraccio e Ciracciello, im Inselwesten. Schmale Sandstrände, die nur im Juli/August viel besucht sind.

Ischia

Spiaggia degli Inglesi, westlich von Ischia Porto. Kleiner, sauberer, nicht allzu lauter Sandstrand.

Spiaggia dei Maronti, bei Barano. 2 km langer, schmaler Sandstrand an einer weiten Bucht. Gute Strandeinrichtungen.

Spiaggia di Citara, südlich von Forio. Romantische, von Hügeln geschützte Badebucht mit malerischen Felsen im Wasser.

Spiaggia di San Francesco, nördlich von Forio. Weite, nach Westen ausgerichtete Bucht mit Sandstränden. Gut für Kinder geeignet.

Bootsausflüge

Für alle, die Fischfang gerne live erleben wollen: Von **Bacoli**, **Neapel**, **Pozzuoli**, **Procida** und **Salerno** kann man Tages- oder Mehrtagesausflüge an Bord von Fischerbooten unternehmen (www.federcoopescaturismo.it).

Segeln

In allen Häfen der Region kann man Segelboote mieten. Auf **Capri** (Marina Piccola) und auf **Ischia** (Forio, Citara-Strand) gibt es Segelschulen.

Tauchen

Tauchklubs gibt es auf **Procida** in Corricella, auf **Ischia** in Barano und Forio, auf **Capri** in Marina Grande und an der Punta Carena.

Windsurfen

Die besten Bedingungen herrschen in Barano auf **Ischia** an der Spiaggia dei Maronti.

Statistik

Die Region **Kampanien** (Campania) mit einer Fläche von 13 595 km² erstreckt sich von der Kette des Neapolitanischen Apennin bis zur reich gegliederten Küste mit den Golfen von Gaeta, Neapel, Salerno und Policastro. Rund 6 Mio. Menschen leben hier, etwa 4 Mio. an der Golfküste, vorwiegend in den Ballungszentren in und um Neapel, dem Hauptort der Region.

Neapel, die Metropole am Nordrand des gleichnamigen Golfes, ist 117,3 km² groß. Sie liegt auf 40° 50′ nördlicher Breite und 140° 30′ östlicher Länge. Nach offiziellen Angaben leben ca. 1 Mio wahrscheinlich aber mindestens 1,8 Mio. Menschen auf dem eng bebauten Raum zwischen Hügelketten und Meer. Neapel ist die drittgrößte Stadt Italiens nach Rom und Mailand. Ihre durchschnittliche Bevölkerungsdichte liegt mit 10 000 Einw./km² weit höher als die der beiden größeren italienischen Städte. Manche Bezirke Neapels sind sogar noch dichter besiedelt.

Die Erdgeschichte der **Golfregion**, die zur Provinz Neapel gehört, wird vom **Vesuv** bestimmt; die Periode seismischer Bewegungen ist bis heute nicht abgeschlossen. Zahlreiche Vulkane waren für Entstehung und Gestaltung der Campi Flegrei, der Isole Flegrei, Ischias und Procidas verantwortlich. **Procida** ist mit einer Fläche von 3,75 km² und ca. 11 000 Einwohnern verhältnismäßig klein. Das grüne **Ischia** ist mit 46,5 km² die größte Insel im Golf. Die Zahl der Touristen übersteigt in der Saison die der Einheimischen (50 000) um ein Vielfaches.

Auch der südliche Abschnitt der Golfküste steht ganz im Banne des Vesuv und der durch ihn ausgelösten Naturkatastrophen. Der letzte Ausbruch erfolgte 1944. Die vorwiegend aus Kalkgestein bestehende **Halbinsel von Sorrent** ist erdgeschichtlich eng mit der 10,4 km^2 großen, stark verkarsteten Insel **Capri** (rund 15 000 Einw.) verbunden.

Unterkunft

Agriturismo

Auskünfte zu den immer beliebteren ›Ferien auf dem Bauernhof‹ erteilt:

Agriturist, Corso Vittorio Emanuele II 101, 00186 Rom, Tel. 0 66 85 23 42, Fax 0 66 85 24 24, www.agriturist.it.

Camping

Am Golf von Neapel gibt es einige empfehlenswerte Campingplätze, z. B. bei Pozzuoli, Pompeji und Sorrent. Ein wahres Campingzentrum ist aber die Gegend um Salerno. Eine Auswahl geprüfter Campingplätze bietet der jährlich erscheinende *ADAC Camping-Caravaning-Führer Südeuropa* (auch als CD-Rom). Darüber hinaus informiert der ebenfalls jährlich erscheinende *ADAC Urlaubsführer Europa* über das Angebot an Bungalows und Mobilheimen auf Campingplätzen am Golf von Neapel.

Ferienhäuser und -wohnungen

In Kampanien werden wochenweise vermietbare Ferienhäuser und -wohnungen angeboten (Bettwäsche etc. nicht immer inklusive!). Ferienanlagen verfügen auch über Sport- und Unterhaltungsprogramme.

Hotels

Hotels werden mit * (sehr bescheiden) bis ***** (Luxus) kategorisiert. Die Mehrzahl der Hotels an der Küste der Campi Flegrei und auf Procida ist einfach, auf Ischia gibt es neben sehr exklusiven Häusern vorwiegend gute Mittelklassehotels, in Sorrent und auf Capri strahlen namhafte Hotelpaläste den luxuriösen Charme der Belle Époque aus. An der amalfitanischen Küste wurden wunderschöne Quartiere in ganz unglaublichen Lagen gebaut.

Wegen *Prospektmaterials* sollte man sich direkt an die Hotels wenden. Buchungen für die Hochsaison müssen lange im Voraus getätigt werden. Bei Reservierungen wird meist eine Vorauszahlung (Kreditkarte) erwartet.

Bei Buchungen über Reisebüros empfiehlt sich das genaue Lesen der Prospekte. Die Floskel ›direkt am Meer‹ kann in diesem Gebiet auch bedeuten, dass das Hotel der Wahl hoch über dem Meer liegt und keinen Strand besitzt.

Jugendherbergen

Es gibt mehrere Jugendherbergen in der Region, z. B. in Pompeji, auf Ischia, in Salerno und in *Neapel* (Ostello Mergellina, Via Salita della Grotta a Piedigrotta 23, 80122 Napoli, Tel. 08 17 61 23 46, Fax 08 17 61 23 91, ostellonapoli@virgilio.it).

Auskünfte erhält man über AIG (Associazione Italiana Alberghi per la Gioventù), Via Cavour 44, 00184 Rom, Tel. 0 64 87 11 52, Fax 0 64 88 04 92, www.ostellionline.org.

Verkehrsmittel im Land

Bahn

Neapel besitzt drei Bahnhöfe: die *Stazione Centrale* an der Piazza Garibaldi, *Mergellina* im Hafenbereich und *Campi Flegrei* in Fuorigrotta, *Auskünfte* gibt die italienische Staatsbahn **FS Trenitalia**, Tel. 89 20 21 (in Italien), www. trenitalia.com.

Günstig fährt man mit der Tageskarte von **Gira Napoli**. Das ›Unico‹-Ticket erlaubt die Fahrt mit allen öffentlichen Verkehrsmitteln in Neapel und 43 Regionen der Umgebung.

Mit der **campania artecard** (3 Tage-Ticket) können öffentliche Verkehrsmittel in Neapel bzw. in der Region kostenlos benutzt werden (s. S. 131).

Besonders wichtig sind die **Lokalbahnen**. Die *Circumvesuviana*, Abfahrt vom Corso Garibaldi, bedient die Strecke Neapel – Herculaneum – Pompeji – Castellamare – Vico Equense – Sorrent. Weitere Strecken: Neapel – Torre Annunziata – Poggiomarino – Sarno; Neapel – Ottaviano – Sarno; Neapel – Nola – Baiano. *Auskunft:* Tel. 08 17 72 24 44.

Die *Ferrovia Cumana* ab Piazza Montesanto fährt in kurzen Intervallen nach Agnano, Bagnoli, Pozzuoli, Baia und Torregaveta. *Auskunft*: Tel. 8 00 00 16 16.

Mit der *Circumflegrea* gelangt man von der Piazza Montesanto nach Piave, Traiano, Licola, Cuma und Lido Fusaro. *Auskunft*: Tel. 8 00 00 16 16. Zwei *U-Bahn-*

Besonders liebevoll geschmücktes Taxi auf dem Weg zum Castello Aragonese auf Ischia

linien, Metronapoli Linea 1 und Linea 2 , verbinden ab Piazza Dante und Piazza Garibaldi große Teile Neapels, *Auskunft*: Tel. 8 00 56 88 66.

Weitere *Zugverbindungen* bestehen nach Caserta, Benevento und Salerno.

Bus

Ein dichtes Netz von Buslinien verbindet **Neapel** ab Piazza Garibaldi mit allen wichtigen Orten Kampaniens. Touristisch interessant sind die Linien Neapel – Monte di Procida, Neapel – Caserta, Neapel – Salerno, Neapel – Benevento, außerdem die Busrouten vom Flughafen Capodichino in Richtung Sorrent.

Auf **Ischia** sind alle größeren Orte durch Buslinien verbunden. Der Busbahnhof befindet sich in Ischia Porto an der Piazza Trieste.

Kleine Busse verkehren auf **Capri** ab Busbahnhof Piazza Martiri d' Ungheria nach Anacapri, Marina Piccola, Punta Carena und zur Grotta Azzurra.

Mietwagen

In den Städten und größeren Orten kann man Autos mieten. *ADAC-Mitglieder* können über ihre Geschäftsstelle oder unter Tel. 0 18 05 / 31 81 81 (0,12 €/Min.) bei der **ADAC Autovermietung GmbH** günstig einen Wagne buchen.

Schiff

Auskünfte zur Schifffahrt im Golf von Neapel: **Autorità portuale di Napoli, Piazzale Pisacane**, Tel. 0 81 20 69 29, Fax 0 81 20 68 88, www.informare.it/harbs/napoli/idx.asp.

Die **Métro del Mare**, eine günstige Schnellbootverbindung entlang der Golfküste, bietet mittlerweile sechs verschiedene Linien (z. T. mit Anschlussbussen zu den archäologischen Stätten). Tickets sind u. a. in einigen Tabacchi erhältlich. Weitere Infos und Verkaufsstellen im www.metrodelmare.com.

Aliscafi (Tragflügelboote) der Gesellschaft CAREMAR (Tel. 08 15 51 38 82) fahren ab Neapel/Molo Beverello nach Procida, Ischia und Capri.

Aliscafi der NLG, Navigazione Libera del Golfo (Tel. 08 15 52 07 63), verkehren ab Molo Beverello auf den Routen Neapel – Capri, Neapel – Ischia und Neapel – Sorrent.

Aliscafi der NLG fahren vom Hafen Mergellina nach Capri, Ischia, Casamicciola und Procida.

Traghetti (Fähren) von CAREMAR (Tel. 08 15 51 38 82) bedienen ab Molo Beverello die Routen von Neapel nach Procida, Ischia und Capri und die Route Sorrent – Capri. Traghetti von NLG (Auskunft: Tel. 08 15 52 07 63) verbinden Neapel mit Ischia.

Procida und Ischia können auch von **Pozzuoli** aus erreicht werden.
CAREMAR, Tel. 08 15 51 38 82;
Alilauro, Tel. 08 15 26 77 36.

In allen Häfen von Procida, Ischia und Capri werden **Bootsausflüge** rund um die Inseln angeboten.

Sprachführer

Italienisch für die Reise

Das Wichtigste in Kürze

Ja / Nein	*Si / No*
Bitte / Danke	*Per favore / Grazie*
In Ordnung. / Einverstanden.	*Va bene. / D'accordo.*
Entschuldigung!	*Scusi!*
Wie bitte?	*Come dice?*
Ich verstehe Sie nicht.	*Non La capisco.*
Ich spreche nur wenig Italienisch.	*Parlo solo un po' d'italiano.*
Können Sie mir bitte helfen?	*Mi può aiutare, per favore?*
Das gefällt mir (nicht).	*(Non) Mi piace.*
Ich möchte …	*Vorrei …*
Haben Sie …?	*Ha …?*
Wie viel kostet …? /	*Quanto costa …?*
Kann ich mit Kreditkarte bezahlen?	*Posso pagare con la carta di credito?*
Wie viel Uhr ist es?	*Che ore sono? / Che ora è?*
Guten Morgen! / Guten Tag!	*Buon giorno!*
Guten Abend!	*Buona sera!*
Gute Nacht!	*Buona notte!*
Hallo! / Grüß dich!	*Ciao!*
Wie ist Ihr Name, bitte?	*Come si chiama, per favore?*
Mein Name ist …	*Mi chiamo …*
Ich bin Deutsche(r)	*Sono tedesco(-a)*
Ich komme aus Deutschland.	*Sono della Germania.*
Wie geht es Ihnen?	*Come sta?*
Auf Wiedersehen!	*Arrivederci!*
Tschüs!	*Ciao!*
Bis bald!	*A presto!*
Bis morgen!	*A domani!*
gestern / heute / morgen	*ieri / oggi / domani*
am Vormittag / am Nachmittag	*la mattina / al pomeriggio*
am Abend / in der Nacht	*la sera / la notte*
um 1 Uhr / um 2 Uhr …	*all' una / alle due …*
um Viertel vor (nach) ...	*alle ... meno un quarto (e un quarto)*
um ... Uhr 30	*alle ... e trenta*
Minute(n) / Stunde(n)	*minuto(-i) / ora (-e)*
Tag(e) / Woche(n)	*giorno(-i) / settimana (-e)*
Monat(e) / Jahr(e)	*mese(-i) / anno(-i)*

Zahlen

0	*zero*	19	*diciannove*
1	*uno*	20	*venti*
2	*due*	21	*ventuno*
3	*tre*	22	*ventidue*
4	*quattro*	30	*trenta*
5	*cinque*	40	*quaranta*
6	*sei*	50	*cinquanta*
7	*sette*	60	*sessanta*
8	*otto*	70	*settanta*
9	*nove*	80	*ottanta*
10	*dieci*	90	*novanta*
11	*undici*	100	*cento*
12	*dodici*	200	*duecento*
13	*tredici*	1000	*mille*
14	*quattordici*	2000	*duemila*
15	*quindici*	10 000	*diecimila*
16	*sedici*	1 000 000	*un millione*
17	*diciassette*	1/2	*mezzo*
18	*diciotto*	1/4	*un quarto*

Wochentage

Montag	*lunedì*
Dienstag	*martedì*
Mittwoch	*mercoledì*
Donnerstag	*giovedì*
Freitag	*venerdì*
Samstag	*sabato*
Sonntag	*domenica*

Monate

Januar	*gennaio*
Februar	*febbraio*
März	*marzo*
April	*aprile*
Mai	*maggio*
Juni	*giugno*
Juli	*luglio*
August	*agosto*
September	*settembre*
Oktober	*ottobre*
November	*novembre*
Dezember	*dicembre*

Maße

Kilometer	*chilometro(-i)*
Meter	*metro(-i)*
Zentimeter	*centimetro(-i)*
Kilogramm	*chilo(-i)*
Pfund	*mezzo chilo*
100 Gramm	*etto(-i)*
Liter	*litro(-i)*

Unterwegs

Nord/Süd/West/Ost	*nord/sud/ovest/est*
oben/unten	*sopra/sotto*
geöffnet/geschlossen	*aperto/chiuso*
geradeaus/links/ rechts/zurück	*diritto/sinistra/ destra/indietro*
nah/weit	*vicino/lontano*
Wie weit ist …?	*A che distanza si trova…?*
Wo sind die Toiletten?	*Dove sono le toilette?*
Wo ist die (der) nächste …	*Dove si trova nelle vicinanze …*
Telefonzelle/	*una cabina telefonica/*
Bank/	*una banca/*
Geldautomat/	*un bancomat/*
Post/	*la posta/*
Polizei?	*la polizia?*
Bitte, wo ist …	*Scusi, dov'è …*
der Hauptbahnhof/	*la stazione centrale/*
der Busbahnhof/	*la stazione autolinee/*
der Flughafen?	*l'aeroporto?*
Wo finde ich …	*Dove si trova …*
eine Bäckerei/	*un panificio/*
Fotoartikel/	*gli articoli fotografici*
ein Kaufhaus/	*un grande magazzino/*
ein Lebensmittel-geschäft/	*un negozio di alimentari/*
den Markt?	*il mercato?*
Ist das der Weg/ die Straße nach …?	*È questa la strada per ….?*
Ich möchte mit …	*Vorrei andare …*
dem Zug/	*col treno/*
dem Schiff/	*colla nave/*
der Fähre/	*col traghetto/*
dem Flugzeug	*col aereo*
nach … fahren.	*a …*
Gilt dieser Preis für Hin- und Rückfahrt?	*È la tariffa di andata e ritorno?*
Wie lange gilt das Ticket?	*Fino a quando è valido il biglietto?*
Wo ist das Fremden-verkehrsamt/	*Dov'è l'Ufficio per il turismo/*
ein Reisebüro?	*un'agenzia viaggi?*
Ich suche eine Hotelunterkunft.	*Cerco un albergo.*
Wo kann ich mein Gepäck lassen?	*Dove posso deposi-tare i miei bagagli?*
Ich habe meinen Koffer verloren.	*Ho perso la mia valigia.*
Ich möchte eine Anzeige erstatten.	*Vorrei fare una denuncia.*
Man hat mir …	*Mi hanno rubato …*
Geld/die Tasche/	*i soldi/la borsa/*
die Papiere/	*i documenti/*
die Schlüssel/	*le chiavi/*
den Fotoapparat/	*la macchina foto-grafica/la valigia/*
den Koffer/ das Fahrrad gestohlen.	*la bicicletta.*

Freizeit

Ich möchte ein …	*Vorrei noleggiare …*
Fahrrad/	*una bicicletta/*
Motorrad/	*un moto/*
Surfbrett/	*una tavola da surf/*
Mountainbike/	*un mountain bike/*
Boot/	*una barca/*
Pferd mieten.	*un cavallo.*
Gibt es in der Nähe ein(en) …	*Dove si trova nelle vicinanze …*
Freizeitpark/	*un parco di divertimento/*
Freibad/	*una piscina pubblica/*
Golfplatz/	*un campo di golf/*
Strand?	*una spiaggia?*
Wann hat … geöffnet?	*Quando è aperto (aperta) …?*

Bank, Post, Telefon

Brauchen Sie meinen Ausweis?	*Vuole vedere i miei documenti?*
Wo soll ich unterschreiben?	*Dove debbo firmare?*
Ich möchte eine Telefon-verbindung nach …	*Vorrei un colle-gamento telefonico con …*
Wie lautet die Vorwahl für …?	*Qual è il prefisso per …?*
Wo gibt es …	*Dove trovo …*
Telefonkarten/	*le schede telefoniche/*
Briefmarken?	*i francobolli?*

Tankstelle

Wo ist die nächste Tankstelle?	*Dov'è la stazione di servizio più vicina?*

Hinweise zur Aussprache

c, cc	vor ›e‹ und ›i‹ wie ›tsch‹, Bsp.: **ci**ao; sonst wie ›k‹, Bsp.: **c**ome
ch, cch	wie ›k‹, Bsp.: **ch**e, **ch**ilo
g, gg	vor ›e‹ und ›i‹ wie ›dsch‹, Bsp.: **ge**nte; sonst wie ›g‹, Bsp.: **g**ola
gli	wie ›Lilie‹, Bsp.: fi**gli**o
gn	wie ›Cognac‹, Bsp.: ba**gn**o
sc	vor ›e‹ und ›i‹ wie ›sch‹, Bsp.: **sci**opero; sonst wie ›sk‹, Bsp.: **sc**ala
sch	wie ›sk‹, Bsp.: I**sch**ia
sci	vor ›a,o,u‹ wie ›sch‹, Bsp.: la**sci**are
z	wie ›ds‹, Bsp.: **z**uppa

Ich möchte … Liter … Benzin/Super/Diesel.	*Vorrei … litri … di benzina/super/diesel.*
Volltanken, bitte.	*Faccia il pieno, per favore.*
Bitte prüfen Sie …	*Verifichi per favore …*
den Reifendruck/	*la pressione delle ruote/*
den Ölstand/	*il livello dell'olio/*
den Wasserstand/	*il livello dell'acqua/*
das Wasser für die Scheibenwischanlage/	*l'acqua per il tergicristallo/*
die Batterie.	*la batteria.*
Würden Sie bitte …	*Per favore, mi può …*
den Ölwechsel vornehmen/	*cambiare l'olio/*
den Radwechsel vornehmen/	*cambiare la ruota/*
die Sicherung austauschen/	*sostituire il fusibile/*
die Zündkerzen erneuern/	*sostituire le candele/*
die Zündung nachstellen.	*regolare l'accensione.*

Panne

Ich habe eine Panne.	*Ho un guasto.*
Der Motor startet nicht.	*La macchina non parte.*
Ich habe die Schlüssel im Wagen gelassen.	*Ho le chiavi in macchina.*
Ich habe kein Benzin/Diesel.	*Non ho più benzina/diesel.*
Gibt es hier in der Nähe eine Werkstatt?	*C'è un'officina qui vicino?*
Können Sie mein Auto abschleppen?	*Può effettuare il traino?*
Können Sie mir einen Abschleppwagen schicken?	*Mi potrebbe mandare un carro attrezzi?*
Können Sie den Wagen reparieren?	*Può riparare la mia macchina?*
Bis wann?	*Quando sarà pronta?*

Mietwagen

Ich möchte ein Auto mieten.	*Vorrei noleggiare una macchina.*
Was kostet die Miete …	*Quanto costa il noleggio …*
pro Tag/	*al giorno/*
pro Woche/	*alla settimana/*
mit unbegrenzter km-Zahl/	*senza limite chilometraggio/*
mit Kasko-versicherung/	*con assicurazione ›kasko‹/*
mit Kaution?	*con cauzione?*
Wo kann ich den Wagen zurückgeben?	*Dove posso restituire la macchina?*

Unfall

Hilfe!	*Aiuto!*
Achtung!/Vorsicht!	*Attenzione!*
Rufen Sie bitte schnell …	*Per favore, chiami subito …*
einen Kranken-wagen/	*un'ambulanza/*
die Polizei/	*la polizia/*
die Feuerwehr.	*i vigili del fuoco.*
Es war (nicht) meine Schuld.	*(Non) È stata colpa mia.*
Geben Sie mir bitte Ihren Namen und Ihre Adresse.	*Mi dia il suo nome ed indirizzo, per favore.*
Ich brauche die Angaben zu Ihrer Autoversicherung.	*Mi dia i particolari della sua assicurazione auto.*

Krankheit

Können Sie mir einen guten Deutsch sprechenden Arzt/Zahnarzt empfehlen?	*Mi può consigliare un bravo medico/dentista che parla il tedesco?*
Wann hat er Sprechstunde?	*Qual è l'orario delle visite?*
Wo ist die nächste Apotheke?	*Dove si trova la farmacia più vicina?*
Ich brauche ein Mittel gegen …	*Vorrei qualcosa contro ...*
Durchfall/	*la diarrea/*
Halsschmerzen/	*mal di gola/*
Fieber/	*la febbre/*
Insektenstiche/	*le punture d'insetti/*
Kopfschmerzen	*mal di testa*
Verstopfung/	*la costipazione/*
Zahnschmerzen	*mal di denti.*

Hotel

Können Sie mir bitte ein Hotel/eine Pension empfehlen?	*Potrebbe consigliarmi un albergo/una pensione, per favore?*
Ich habe bei Ihnen ein Zimmer reserviert.	*Ho prenotato una camera.*
Haben Sie ein Einzel-/Doppelzimmer …	*Ha una camera singola/doppia …*
mit Dusche/	*con doccia/*
mit Bad/WC/	*con bagno/toilette/*
für eine Nacht/	*per una notte/*
für eine Woche/	*per una settimana/*
mit Blick aufs Meer?	*con vista sul mare?*
Was kostet das Zimmer …	*Quanto costa una camera …*
mit Frühstück/	*con prima colazione/*

mit Halbpension/ mit Vollpension?	*con mezza pensione/ con pensione completa?*
Wie lange gibt es Frühstück?	*Fino a che ora viene servita la colazione?*
Ich möchte um … Uhr geweckt werden.	*Vorrei essere svegliato alle ore …*
Ich reise heute Abend/ morgen früh ab.	*Vorrei partire questa sera/ domani mattina.*
Haben Sie ein Fax/ einen Hotelsafe?	*Ha un fax/una cassetta di sicurezza?*
Kann ich mit Kreditkarte zahlen?	*Posso pagare con la carta di credito?*

Restaurant

Ich suche ein gutes/günstiges Restaurant.	*Cerco un buon ristorante/ un ristorante non troppo caro.*
Die Speisekarte/ Getränkekarte, bitte.	*Vorrei la carta/ la lista delle bevande, per favore.*
Welches Gericht können Sie besonders empfehlen?	*Quale piatto mi può consigliare?*
Ich möchte das Tagesgericht/ das Menü (zu …).	*Vorrei il piatto del giorno/ il menù (da …).*
Ich möchte nur eine Kleinigkeit essen.	*Vorrei uno spuntino.*
Haben Sie … vegetarische Gerichte/ offenen Wein/ alkoholfreie Getränke?	*Ha dei … piatti vegetariani/ vini della casa/ analcolici?*
Kann ich bitte … ein Messer/ eine Gabel/ einen Löffel haben?	*Vorrei avere … un coltello/ una forchetta/ un cucchiaio.*
Darf man rauchen?	*Si può fumare?*
Die Rechnung/ Bezahlen bitte!	*Vorrei il conto, per favore!*

Essen und Trinken

Abendessen	*cena*
Apfel	*mela*
Artischoken	*carciofi*
Auberginen	*melanzane*
Bier	*birra*
Brot/Brötchen	*pane/panino*
Butter	*burro*
Ei	*uova*
Ente	*anitra*
Erdbeeren	*fragole*
Espresso (mit Milch)	*caffè (macchiato)*
Essig	*aceto*
Feigen	*fichi*
Fisch	*pesce*
Flasche	*bottiglia*
Fleisch	*carne*
Fruchtsaft	*succo di frutta*
Frühstück	*prima colazione*
gegrillt	*ai ferri/alla griglia*
Gemüse	*verdura*
Glas	*bicchiere*
Huhn	*pollo*
Kalbfleisch	*vitello*
Kalbshaxenscheibe	*ossobuco*
Kaninchen	*coniglio*
Kartoffeln	*patate*
Käse	*formaggio*
Knoblauch	*aglio*
Kotlett	*costoletta*
Krabben	*gamberetti*
Lamm	*agnello*
Languste	*aragosta*
Maisgericht	*polenta*
Meeresfrüchte	*frutti di mare*
Miesmuscheln	*cozze*
Milch mit einem Schuss Espresso	*latte macchiato*
Milchkaffee	*caffellatte*
Mineralwasser (mit/ ohne Kohlensäure)	*acqua minerale (con/senza gas)*
Mittagessen	*pranzo*
Nachspeise	*dolce*
Obst	*frutta*
Öl	*olio*
Orange	*arancia*
Parmesankäse	*parmigiano*
Pfeffer	*pepe*
Pfirsich	*pesca*
Pilze	*funghi*
Salat	*insalata*
Salz	*sale*
Sardellen	*acchiuge*
Schafskäse	*ricotta*
Schinken	*prosciutto*
Schweinefleisch	*maiale*
Schwertfisch	*pesce spada*
Spinat	*spinaci*
Steak	*bistecca*
Suppe	*minestra/zuppa*
Tee	*té*
Thunfisch	*tonno*
Tintenfische	*polpetti*
Tomaten	*pomodori*
Venusmuscheln	*vongole*
Vorspeisen	*antipasti*
Wein, Weiß-/ Rot-/ Rosé-Wein	*vino bianco/ rosso/ rosato*
Weintrauben	*uva*
Zitronenschnaps	*limoncello*
Zucker	*zucchero*

Register

Bildnachweis

Umschlag-Vorderseite: Die Felsgebilde der Faraglioni an der Küste Capris. Foto: *laif, Köln (Ogando)*

Titelseite
Oben: Hotel San Pietro in Positano (von S. 108 unten)
Mitte: Villa dei Misteri in Pompeji (von S. 97)
Unten: Galleria Umberto I in Neapel (von S. 23)

Peter H. Amann, München: 5 links, 8 oben, 9 oben, 9 Mitte, 10 Mitte, 10 unten, 13, 14 unten, 16/17, 21, 26 oben, 30/31, 33 unten, 34 Mitte links, 38 unten, 40 oben, 43, 50 oben, 53 oben rechts, 67, 74, 76 unten, 79, 84, 86 oben, 88, 90, 93, 96 unten, 101 unten links, 102 (2), 103, 106 unten, 108 unten, 109, 110 unten, 114, 115 unten, 117 oben, 121, 130 – *Franz Marc Frei, München:* 5 rechts, 20 – *Rainer Hackenberg, Köln:* 49, 50 unten, 52, 53 unten rechts, 59, 66, 69, 71 unten, 86 unten, 94 unten, 95, 97, 98, 135 – *Herbert Hartmann, München:* 28 oben links, 42, 71 Mitte, 101 oben – *laif, Köln:* 11 oben, 18, 23, 26 unten, 28 unten links, 33 oben, 45, 53 oben links, 53 unten links, 54, 57, 60, 61, 70, 78, 91, 122 (Ogando), 34 unten, 58 Mitte, 132 (Thomas Ebert), 58 unten, 101 unten rechts, 105, 106 oben, 108 oben, 111, 112/113, 118 oben, 126, 129 (R. Celentano) – *Knut Liese, München:* 22 oben, 28 unten rechts, 36, 48, 56, 77, 80, 81, 82, 110 oben – *LOOK, München:* 24 (Rainer Martini), 28 Mitte links, 34 oben, 58 oben (Aldo Acquadro), 28 Mitte rechts (Jan Greune), 64, 68, 72, 72/73, Umschlagrückseite Grotten (Hauke Dressler), 118 unten (Uli Seer), 127 (Ingolf Pompe) – *Süddeutscher Bilderdienst, München:* 14 oben, 15 (2) – *Johannes Wunner, Freising:* 8 unten, 28 oben rechts – *Fulvio Zanettini, Köln:* 6 links, 6/7, 7, 9 unten, 10 oben, 11 unten, 22 unten, 25 (2), 34 Mitte rechts, 38 oben, 40/41, 46, 55, 62, 76 oben, 87, 89, 94 oben, 96 oben, 104, 115 oben, 116, 117 unten, 124, Umschlagrückseite Restaurants, Strände, Kastelle & Paläste, Villen

In der ADAC-Reiseführer-Reihe sind erschienen:

Ägypten
Algarve
Allgäu
Amsterdam
Andalusien
Australien
Bali und Lombok
Barcelona
Berlin
Bodensee
Brandenburg
Brasilien
Bretagne
Budapest
Bulgarische Schwarzmeerküste
Burgund
Costa Brava und Costa Daurada
Côte d'Azur
Dalmatien
Dänemark
Deutschland, City Guide
Dominikanische Republik
Dresden
Dubai, Vereinigte Arabische Emirate, Oman
Elsass
Emilia Romagna
Florenz
Florida
Französische Atlantikküste
Fuerteventura
Gardasee
Germany, City Guide
Golf von Neapel
Gran Canaria
Hamburg
Hongkong und Macau
Ibiza und Formentera
Irland
Israel
Istrien und Kvarner Golf
Italienische Adria
Italienische Riviera
Jamaika
Kalifornien
Kanada – Der Osten
Kanada – Der Westen
Karibik
Kenia
Kreta
Kuba
Kykladen
Lanzarote
London
Madeira
Mallorca
Malta
Marokko
Mauritius und Rodrigues
Mecklenburg-Vorpommern
Mexiko
München
Neuengland
Neuseeland
New York
Niederlande
Norwegen
Oberbayern
Österreich
Paris
Peloponnes
Piemont, Lombardei, Valle d'Aosta
Polen
Portugal
Prag
Provence
Rhodos
Rom
Rügen, Hiddensee, Stralsund
Salzburg
Sardinien
Schleswig-Holstein
Schottland
Schwarzwald
Schweden
Schweiz
Sizilien
Spanien
St. Petersburg
Südafrika
Südengland
Südtirol
Sylt
Teneriffa
Tessin
Thailand
Toskana
Tunesien
Türkei-Südküste
Türkei-Westküste
Umbrien
Ungarn
USA-Südstaaten
USA-Südwest
Usedom
Venedig
Venetien und Friaul
Wien
Zypern

Weitere Titel in Vorbereitung

Leserforum

Die Meinung unserer Leserinnen und Leser ist wichtig, daher freuen wir uns von Ihnen zu hören. Wenn Ihnen dieser Reiseführer gefallen hat, wenn Sie wichtige Hinweise zu den Inhalten haben – Ergänzungs- und Verbesserungsvorschläge, Tipps und Korrekturen – dann schreiben Sie uns:

Redaktion ADAC Reiseführer
ADAC Verlag GmbH
81365 München
verlag@adac.de

Impressum

Lektorat und Bildredaktion: Ralf Thume
Aktualisierung: A. Rohmfeld und R. Nöldeke
Karten: Computerkartographie Carrle, München
Druck, Bindung: Sellier Druck, Freising

Printed in Germany

ISBN 3-87003-849-7

Gedruckt auf chlorfrei gebleichtem Papier

5., neu bearbeitete Auflage 2005